广西哲学社会科学规划研究课题"互联网+时代小微
因素研究"（编号：15BGL006）

互联网时代企业网络能力对创新绩效的影响路径研究

——以中国制造业企业为例

Research On the Influence Path of
Enterprise's Network Capability on
Innovation Performance in the Internet Era

朱晓琴◎著

经济管理出版社
ECONOMY & MANAGEMENT PUBLISHING HOUSE

图书在版编目（CIP）数据

互联网时代企业网络能力对创新绩效的影响路径研究：以中国制造业企业为例/朱晓琴
著.—北京：经济管理出版社，2021.1
ISBN 978 - 7 - 5096 - 7723 - 0

Ⅰ.①互…　Ⅱ.①朱…　Ⅲ.①制造工业—工业企业管理—研究—中国　Ⅳ.①F426.4

中国版本图书馆 CIP 数据核字（2021）第 018792 号

组稿编辑：胡　茜
责任编辑：胡　茜　康国华
责任印制：黄章平
责任校对：董杉珊

出版发行：经济管理出版社
　　　　　（北京市海淀区北蜂窝 8 号中雅大厦 A 座 11 层　100038）
网　　　址：www. E - mp. com. cn
电　　　话：（010）51915602
印　　　刷：唐山昊达印刷有限公司
经　　　销：新华书店
开　　　本：720mm × 1000mm/16
印　　　张：13
字　　　数：197 千字
版　　　次：2021 年 1 月第 1 版　　2021 年 1 月第 1 次印刷
书　　　号：ISBN 978 - 7 - 5096 - 7723 - 0
定　　　价：69.00 元

前　言

以云计算、大数据、物联网、智能化等新兴技术迭代更新为特征的互联网时代一方面为企业带来了新的商机,数字化、网络化和智能化的系统使企业生产与运输更加便捷,而互联网催生的各种网络营销平台、互动平台、社交媒体手段等给企业带来更多展现企业情况和产品情况的机会。同时,互联网也让竞争变得更加无边和无序,行业间距被打破,各种新业态不断出现,产业不断融合,跨界竞争频繁,而创新作为企业生存发展动力和源泉的作用越来越明显,全面提高企业的创新能力有着极其重要的战略意义。近年来,我国经济发展已由高速增长阶段转向高质量发展阶段,正处在转变发展方式、优化经济结构、转换增长动力的攻关期。为刺激经济增长,各级政府高度重视企业创新,正如习总书记在党的十九大报告中所指出的,创新是引领发展的第一动力,是建设现代化经济体系的战略支撑。全球制造网络随着时代的进步应运而生,一方面为我国本土企业提供了进入国际分工体系进行学习的机遇,另一方面将我国大量制造业企业锁定在低附加值环节。在国内市场,经济的增长速度逐步放缓,而生产原材料、交通运输、能源、劳动力等价格越来越高,给一贯依靠低成本竞争的我国制造业带来了新的危机。一直以来,竞争环境的激烈和产品同质化导致我国制造行业议价能力不强,核心关键技术和核心零部件元素缺乏,难以向下游传导成本压力,其利润空间被严重压缩。加上网络化和信息化的发展,企业无法将创新价值链的全部活动都纳入企业内部完成,传统的只靠组织内部知识和信息的"闭门造车"式的创新已无法适应产品更新迅速的新时代；并且，创新过程还存在很多不确定的因素。因此，为了转移创新风险和创新压力，不少企业开始转变创新模式，积极同外部科研机构、高校院所、竞争对手等组织合作。创新不再是简单的"原子"式过程，而是一个交互合作的过程，也是一个不断形成企业合作创新网络的过程，企业需要整合网络伙伴中的各种资源来提高创新的成功率。所以企业能动地通过网络关系和网络位置获得和整合跨组织知识将是产生竞争优势的一条途径。

研究目的是探索在目前互联网背景和现实经营环境下，处理内外关系的网络能力对制造业企业创新绩效的作用机理，其中包括跨组织知识管理的中介效应和学习导向的调节效应，从而为提升我国制造业企业创新绩效提供科学的理论依据：①明确网络能力的概念和结构维度。网络能力在国内的管理研究领域中起步较晚，明确网络能力的概念和结构维度是进一步展开研究的基础。②明确网络环境下跨组织知识管理的概念和结构维度。有关知识管理的研究很多，但由于网络环境的出现和企业合作的频繁，对知识的管理不能仅限于企业内部，应将研究视角和理论探索拓展到企业外部，关注跨组织边界流动在网络中的知识管理。③探讨企业网络能力对创新绩效的影响机理。本书引入跨组织知识管理的两个维度作为中介变量，探寻企业网络能力影响创新绩效的内在机理。④探讨企业学习导向的调节作用。学习导向对企业经营非常重要，本书探讨学习导向在网络能力对跨组织知识管理影响中的调节作用。

通过以上的分析和研究，本书的主要创新点有以下三方面：第一，基于企业内外网络视角，重新界定了网络能力的概念模型。有关企业网络能力的内涵和构成，学者们并没有形成一致的观点。另外，以往对网络能力的研究往往只关注企业外部网络的管理，忽略了企业内部网络的管理。在综合以往对网络能力的研究基础之上，结合企业内外网络视角，将网络能力划分为四个维度，分别是网络愿景能力、网络构建能力、关系优化能力和内部协作能力，并就其概念和内容进行了详细阐述，后通过收集国内制造业企业的数据，验证了本书对网络能力的模型构建。相对于一些对网络能力单维度测量的研究而言，本书的四维测量更加全面，能够充分体现网络能力的资格和任务层、内部和外部网络管理能力的结构体系。第二，在网络能力与企业创新的研究中，引入跨组织知识管理作为中介变量，开启一个新的研究视角。以往对知识管理的研究多局限于组织内部，少有跨边界进行知识管理。本书根据知识管理理论，归纳出跨组织知识管理的含义，即企业利用自身的网络位置和网络关系，通过一连串的跨组织知识活动以协助企业有效利用组织边界内外的知识，最终达到提高组织业绩的目的。同时，通过回顾知识管理的过程模型，将跨组织知识管理的维度划分为跨组织知识获取和跨组织知识整合。本书基于社会网络理论和企业能力理论，在企业网络能力与创新之间引入跨组织知识管理作为中介变量，为研究网络能力与创新绩效之间的关系开启了一个新的研究视角。第三，构建并检验了基于企业网络能力和跨组织知识管理的创新绩效提升路径关系模型。首先，以社会网络理论和企业能力理论为背景，将网络能力作为跨组织知识管理的重要前因变量，探讨了网络能力的四个维度，即网络愿景能力、网络构建能力、关系优化能力、内部协作能力，分别对跨组织知识获取和跨组织知识整合的影响；其次，根据知识基础论观点和创新影响因素的研究，提出跨组织知识管理对创新绩效的影响作用；最后，根据组织学习理论，提出学习导向在网络能力与跨组织知识获取、网络能力与跨组织知识整合中的调节作用，帮助解释为何部分网络能力相近的企业却有不同的跨组织知识管理能力。

目　录

第一章　绪论

第一节　研究背景和研究动机

一、研究背景

（一）互联网时代下企业面临的创新压力

以云计算、大数据、物联网和智能化等新型技术迭代更新为特征的互联网时代，一方面为企业带来了新的商机，数字化、网络化和智能化的系统便捷了企业生产与运输，而互联网催生的各种网络营销平台、互动平台和社交媒体手段等，不仅给企业带来了更多展现企业自身和产品情况的机会，也更容易创造自己的粉丝群体；另一方面，互联网环境下的消费模式、生产经营模式和结算模式发生了很大变化，对企业特别是制造业产生了较大影响。同时，互联网也让竞争变得更加无边和无序，行业之间的间距已被打破，各种新业态不断出现，产业不断融合，竞争对手不再局限于同行，竞争达到了前所未有的高度。而创新作为企业生存与发展的动力和源泉，其作用越来越明显，对全面提升企业的创新能力有着极其重要的战略意义。

创新一直都是管理学界的一个热点话题。从要素驱动到创新驱动，创新已成为企业保持竞争优势的关键，给企业带来了新的利润增长点。熊彼特（1934）最先对创新提出了定义，他认为创新是企业对生产要素进行新的组合，包括开发新产品、采用新的生产方式、开辟新市场、获得和利用新原料及实行新的组织形式[①]。彼得·德鲁克的至理名言"不创新即灭亡"更显示出了创新对企业生存的重要性。早期，创新被认为只是一个个发散的单独事件，但随着经济的不断发展和竞争的加剧，创新已发展成为一种连续的过程。创新的过程是反复的，是从第一次创新开始到后续的持续改进的过程（Garcia & Calantone，2002）。创新是一个行业和一个企业和谐发展的不竭动力，对于制造行业来说更是如此。比尔·盖茨（2008）曾说过，"创新如果管理得好的话，就可以改变世界"[②]。随着 5G 时代的到来，云计算、物联网、大数据和智能机器人等新技术的迭代更新，对企业应对变化的环境、源源不断地改进工艺和创新产品或服务提出了更高的要求。而中美之间的贸易摩擦、人工成本的不断增长和通货膨胀的逐步上升都给企业带来了前所未有的管理挑战。许多企业不得不将创新作为它们战略的一部分，并为此建立了组织机制和程序，以此来获得商业利益（Hill & Rothaermel，2003）。

制造业是我国国民经济的物质基础和生产主体，是我国国民经济发展的重要依托，其总产值占全国 GDP 的近 40%。制造业的发展水平是国家科技水平和综合实力的重要标志，也是发挥后发优势、实施跨越发展战略的中坚力量。在全球化经济条件下，我国制造业成为世界产业转移和调整的承接主体。通过对我国制造业企业的实际调查，发现这些企业普遍存在以下几个方面的劣势：一是同发达国家相比仍然缺乏具有自主知识产权的核心技术，原创性产品和技术较少；二是管理落后，组织结构不合理，内部运行效率低下；三是基础设施依然薄弱，销售网络不健全，多数企业依赖于 OEM（Original Equipment Manufacturer）和加工贸易出口，其产品附加值低、利润少、竞争力弱；四是缺少具有国际竞争力的大型

---

① Schumpeter J. A.. The Theory of Economic Development [M]. Cambride：Harvard University Press，1934.

② 来自比尔·盖茨在 2008 年微软亚洲研究院十年创新论坛上的发言。

企业和独立的自主品牌。

近年来，我国经济已由高速增长阶段转向高质量发展阶段，正处在转变发展方式、优化经济结构、转换增长动力的攻关期。为刺激经济增长，各级政府高度重视企业创新，正如习总书记在党的十九大报告所指出的，创新是引领发展的第一动力，是建设现代化经济体系的战略支撑。全球制造网络随着时代的进步应运而生，虽然为我国本土企业提供了进入国际分工体系学习的机会，但却将我国大量的制造业企业锁定在低附加值环节。在国内，经济的增长速度逐步放缓，但生产原材料、交通运输、能源和劳动力等价格却越来越高，给一贯依靠低成本竞争的我国制造业带来了新的危机。我国制造业一直以来议价能力都不强，核心关键技术和核心零部件元素缺乏，难以向下游传导成本压力，其利润空间被严重压缩。面对新的机遇和挑战，我国制造业企业如何通过在生产、经营、管理和营销方面的创新，来完成从成本优势向技术优势的转型，将是一个非常现实的重要课题。

（二）企业创新的风险性加大

互联网加剧了环境的不确定性，这种不确定性给企业提供了一个机会，使企业可以通过采取行动去改变行业中现有的竞争基础。但是，快速变化的环境削弱了事情发展的因果关系，增加了管理者依靠惯例和经验去做决策的难度（Dess & Beard，1984）。企业在创新过程中，首先面临着技术风险，如技术开发难度大、关键技术难于突破、存在技术壁垒和障碍等；其次是市场风险，包括新产品由于性能或消费者惯性等因素一时难以被市场接受、新产品寿命短或新产品被更新的产品代替等；再次是财务风险，如创新资金不足、融资渠道不畅等；又次是生产风险，如工艺不合理或现有工艺不适应、生产周期过长或生产成本过高、产品质量难于保证等；最后是管理风险，如组织内部协调不畅、其他部门不予配合、市场信息失真、企业领导做出错误决策、风险决策机制不健全、研发过程缺乏沟通等，这些风险在一定程度上阻碍了企业创新的顺利进行。

随着创新进程的推进和技术难度的提高，创新的复杂性和不确定性加剧了创新的难度和风险。新产品开发或工艺改进需要大量的、不同领域的知识和技能，单一企业所拥有的有限资源已无法满足创新的要求。因此，在开放创新体系下，获取外部知识的能力变得越来越重要。加上网络化和信息化的发展，企业无法将创新价值链上的全部活动都纳入到企业内部完成，传统的、只靠组织内部知识和信息的"闭门造车"式的创新已无法适应产品更新迅速的新时代。另外，由于全球经济一体化、科技飞速发展、产品生命周期逐步缩短以及顾客需求迅速变化等，企业自己开发这些关键知识，往往既浪费时间又代价昂贵，如果能够从外部整合这些关键知识，则可以避免这一问题①。而且，由于创新过程存在很多不确定的因素，最终可能会失败，这样企业不仅难以达到预期目标，还无法收回前期投入的资金，会给企业带来巨大的经济损失。一旦创新超出企业的承受范围，就会使企业超负荷运转，给内部员工增加压力，造成负面情绪，进而增加离职率，导致核心人才流失。因此，为了转移创新的风险和压力，不少企业开始转变创新模式，积极同外部科研机构、高校院所和竞争对手等组织合作。创新不再是简单的原子式过程，而是一个交互合作的过程，也是一个不断形成企业合作创新网络的过程，企业需要整合网络中的各种资源来提高创新的成功率。

（三）知识和知识管理的重要性

在知识经济时代，知识是一个公司创新的不竭源泉，但任何企业都不能完全拥有发展所需的全部重要知识，只能尽自己所能从外部知识源获取新资源。Rothwell 认为从外部获取的知识和资源在企业创新发展过程中占据着重要地位，他发现企业在进行技术创新时，需要从企业外部获得的关键知识占到了总知识的三分之一。对于一个资源能力有限的公司而言，创新能否成功获益难以估计，但在失败率较高的情况下，企业就要想方设法地去降低这种不确定性。Huang 和 Newell（2003）发现知识扩散有助于创新活动，特别是获取外部知识，搜集更多的知识和信息可以转变企业知识匮乏的情况，拓展企业的知识面，避免信息不对称造成的损失。Oliver 等（2011）发现了相似的结论，证实了这种行为能补救企

---

① 芮明杰，邓少军．产业网络环境下企业跨组织知识整合的内在机理［J］．当代财经，2009（1）：69－75．

业内部创新能力不足的言论。

德鲁克（1993）曾说："对企业而言，真正的控制性资源和决定生产的因素既不是资本，也不是土地和劳动力，而是知识。"知识基础论认为，企业异质性起源于经营过程中所形成和积累的知识的差异性，知识被普遍认为是一种确保有效经营的重要战略资源，一个成功的企业首先要拥有独特的、难以模仿和替代的知识资源。知识性资源可以分为独立知识性资源和系统知识性资源。独立知识性资源以专门技术能力或功能性能力、创新性能力等单独技能的形式存在，这类知识能帮助企业使它们的产品或服务可以适应不断变化的环境；系统知识性资源多以整合技能或协调技能的形式出现，这类知识能帮助企业在开展多元化经营或多市场销售时处理复杂和不断变化的各种事宜。知识资源藏身于日常的工作与实践当中，企业有价值的产品与服务就是通过这些知识转化而成的（Davenport et al.，1998）。同时，知识也是企业开发新产品的关键资产，对于一个成功发展的项目，知识的获取和有效利用能帮助筛选有关的产品设计，加快决策速度。企业积累起来的知识基础也创造了一个具有吸收性的能力，它使企业能尽快获悉各种各样的内部和外部资源（Lane & Lubatkin，1998；Tsai，2001）。

面对快速迭代、科技不断更新、行业不断重组的变化环境，知识管理是现代组织的一项优先发展战略，它的实施可以帮助组织获得核心竞争力和保持竞争优势。Teece（1998）指出，新经济时代的特性之一就是科技与科技之间的不断融合，善于整合的企业将拥有更多创新的机会，相对地，也将更具优势。De Boer等（1999）认为，企业的竞争优势来自于知识整合，而不是单一的知识。知识管理能够创造和转移产品或服务，管理和加强与顾客、伙伴和供应商之间的关系，或为组织有效地改善工作流程（Tiwana，2002）。企业创新离不开知识的获取和整合。由于外部环境的不断变化，企业所拥有的知识不一定能适用于新的环境，企业需要不断地获取外部知识，并利用知识整合能力，将外部知识快速整合到企业内部，以实现企业创新（Garud & Nayyar，1994）。

总而言之，网络环境的出现、知识与技术的飞速发展，要求企业除了建立内部知识网络和知识库以外，还需要积极有效地建立外部知识网络，以吸收和整合外部供应商、客户、竞争者、合作伙伴和中介机构等组织的知识，只有综合利用企业内外部的知识，才能真正提高企业的能力和竞争水平。西德的塑料产业之所以具有国际竞争力，原因就在于其已经形成了客户与竞争者之间的知识网络，导致创新信息能高度共享。

（四）社会网络对企业的影响

企业的社会网络是指企业与客户、供应商、合作伙伴、竞争者、政府机构、科研机构、中介机构和服务机构等交往对象之间所形成的相对稳定的关系网络。社会网络对企业既有积极作用，又有负面影响，主要表现如下：

1. 社会网络的积极作用

关系在中国是一种巨大的动力（Luo，1997）。在中国，关系无处不在，关系是一种有价值的企业工具，是企业与重要的外部利益相关者之间传递信息和资源的桥梁。我国正值经济转型时期，其市场体制和规则还有待完善，加上传统的文化背景，关系网络和社会资本成为了正式制度的补充（Xin & Pearce，1996）。付平平等（2006）认为亲人、熟人和陌生人这三类关系产生了不同类型的社会网络，对公司的知识管理和决策过程具有不同的作用。企业同外部主体的关系近来被广泛关注，被认为可以提高经营绩效和协助企业交换（Peng & Luo，2000；Tsang，1998；Xin & Pearce，1996）。Peng 和 Luo（2000）考查了关系对组织绩效的影响，他们指出中国企业利用关系去提升销售额、进行市场扩张和获得竞争位置。企业的外部关系可以分为政治关系和商业关系。政治关系（Political Ties）指的是企业同政府官员的连接，包括各种政府部门的领导、行业管理局官员、监督机构和支持机构的官员（Peng & Luo，2000），政治关系可以帮助企业获得制度支持，比如，规则说明、合同执行、谈判冲突和进入壁垒设置等，以应对过渡经济中固有的威胁和不确定性（Peng & Luo，2000）。另外，国家的管理制度对资源分配也有重大影响，政治关系有助于企业获得稀缺资源，比如，资本、土地和人力资源。商业关系（Business Ties）是企业同供应商、顾客和竞争对手等主体之间的横向、纵向连接，这种关系对市场占有率具有正向影响。近十年，企业间横向和纵向的关系强度已上升到了一个很紧密的程度，尤其是在知识密集型行业。Bian（1994）认为，整个社会陷入到了社会关系网络中，这些网络以各种关系为基础。无论关系观还是资源基础观，都表明企业的关系网络可以帮助企业获得资源，是企业生存和成长的重要手段（Gulati，1998）。

产品的快速创新和产品复杂性的不断增加，不仅能提高产品组件之间的兼容性要求，还能产生大量的技术合作机会。这些为加强企业之间的合作关系提供了基础和条件，因为对单个企业而言，在瞬息万变的市场中实现资源自我满足是非常困难的。随着时间的推移，任务复杂性所形成的压力使企业之间的合作比垂直的等级体制更加高效。网络化伴随着信息经济时代而来，它不仅深刻地改变了社会组织结构，还改变了人们的思维方式，研究者们要更多地从网络角度来分析和解决问题。社会网络是由处在关系中的人与人之间的连接构成的（Mitchell，1969），它反映的是行动者之间的社会关系。从单个企业来看，网络是企业同各种组织关系的集合，包括客户、供应商、竞争对手、金融机构、研发机构、政府组织和其他社会组织等。网络研究一直是发达国家关注的热点，大量的文献从企业竞争力的层面对它进行了研究。Aldrich 和 Zimmer（1986）认为社会网络有利于寻求信息和社会支持。Johannisson（1986）认为，企业的社会网络不仅可以直接提供稀有的资源，还能直接解决相关的操作问题，也能提供企业在市场中的合法地位。网络为企业提供了与外部环境中的资源有机联系的机会，Podolny 和 Page（1998）认为网络能促进知识从一个企业转移到另一个企业，也就是说，网络是知识流动的管道。企业的价值创造受与网络伙伴的关系（Dyer & Singh，1998）和联盟活动的影响（Anand & Khanna，2000；Kale et al.，2002），并且影响的程度越来越大。社会网络在技术扩散过程中起着关键作用，是信息流动的主要通道（Sorenson，2004）。网络关系拉近了组织间的心理距离，为网络成员间的相互学习提供了机会（Argote et al.，2003）。Hoang 和 Antoncic（2003）提出，与各种网络伙伴的强关系可以成为一种优势。

网络式创新的出现，是技术创新在理论和实践上的一个飞跃，标志着创新过程从离散到集成、从封闭到开放。正因为如此，网络成为了组织结构和组织间基础框架的新范式（Miles & Snow，1992）。Gulati 等（2000）指出，在当今时代，技术的迅速更迭和新市场的不断开拓构成了产业竞争的主要图景。商业网络由于能使企业转移风险、获得新市场和新技术、加快市场推进、技能互补及获取外部知识（Gulati et al.，2000），成为企业竞争优势的来源，为企业提供了参与市场竞争所必需的灵活性，提升了企业的市场响应能力。企业通过与其他企业建立合作关系，不仅可以获取外部知识资源，还能更有效地利用自身的内部知识，使企业在面对未来不确定的技术创新时，拥有战略选择的可能。像录像机行业中JVC（日本胜利公司）和法国汤姆森公司之间的联盟、汽车行业中通用和丰田之间的联盟，都是典型例子。为了学习和获得新的技能、市场和资源，企业需要同政府、学校、科研机构和社会组织建立社会关系。没有任何一个企业可以孤立地与其他企业隔离开来，通过关系来进行学习是未来重要的竞争手段。综上所述，社会网络对企业创新的积极影响可以用图1-1表示出来：

图1-1　社会网络与企业创新的逻辑关系（一）

2. 社会网络的负面影响

社会网络有可能给企业带来负面影响，因为企业容易受限于某些特定关系，将资源浪费在没有利益的合作中或者将资源锁定在非生产性的进程中（Gulati et al.，2000）。同时，伙伴可能从事投机行为（Hamel & Prahalad，1994；Williamson，1981）。Gulati等（1995，1999）指出，企业依赖现有的网络成员获得了其他企业的竞争力、需求及诚信等相关信息，但是，出于对结交新成员所花时间和费用的考虑，容易产生对现有网络的依赖，忽视与其他企业结交的机会。紧密的网络连接也有缺点，比如，增加创新过程的复杂性会使企业失去对创新和信息的控制权，导致伙伴对协议产生不同的理解。Uzzi（1997）认为，组织间的关系网络可能会出现"过度嵌入"的现象，导致网络的内部组织与网络的外部组织的联系被隔断，使网络内部组织难以获取外部知识。Nahapiet 和 Ghoshal（1998）

通过研究发现，当网络中各组织间的信任水平达到很高的水平时，这些组织会认为在自己有需要时伙伴企业会主动提供相关的知识，基于这种心理暗示，这些企业对外搜寻和吸收知识的动机会被减弱。同样地，Yli - Renko 等（2001）通过对英国企业的研究表明，当组织间的关系质量达到非常高的水平时，企业可能会因疏于监管网络中的流动信息，导致信息加工的强度降低，从而使企业从关系网络中获取的知识量减少。Burt（2000）把关系越紧密、嵌入程度越高、两两关系越难以消解的这种难以改变网络关系的现象称为网络惯性。由于网络惯性的存在，组织间的关系虽然会给双方带来利益，但最终会阻碍组织变革的网络关系，进而影响组织绩效（Dyer et al.，1998；Levinthal & Fichman，1988）。Harris 等（2000）发现企业之间联网能帮助创新，但并不能直接导致创新成功。Love 和 Roper（2001）研究了美国、德国和爱尔兰制造业的研究开发数据，发现企业的外部网络与创新绩效之间没有关系，但企业内部网络与创新之间存在显著关系。Fischer 和 Varga（2002）调查了维也纳制造业的数据，同样得出了这种结论。Meyer - Stamer（1995）通过在巴西进行的实证研究，发现网络结构改善虽然能给企业带来更好的竞争绩效，但仍然存在巨大的竞争力差距，并指出在发展中国家要小心运用企业之间的网络思想。综上所述，社会网络对企业创新的负面影响可以用图 1 - 2 表示出来：

图 1 - 2　社会网络与企业创新的逻辑关系（二）

二、研究动机

平新乔[1]指出，"互联网＋"可以优化制造业的创新方式，使其由封闭式创新转变为开放式创新。互联网本质上是信息技术的不断变革，这种变革能促使生

---

[1]　平新乔. "互联网＋" 与制造业创新驱动发展［J］. 学术研究，2019（3）：76 - 80，177.

产、消费和流通方式转变，导致与之关联的所有主体都受到影响。互联网为各主体提供了一种开放、协作、共享的环境和平台，为企业同上下游伙伴、高校、政府及价值链机构之间的深入合作提供了充分的条件。企业之间的网络连接不是简单的存在或出现，伙伴的机会主义行为和环境变化容易使企业的网络结构发生变化；企业的伙伴关系很难把握，因为企业的合作伙伴具有不同的类型，这些关系相当复杂，许多合作的具体结果无法事先明确（Anand & Khanna, 2000；Chung et al., 2000），合作过程中可能会出现意外事件；网络对企业的作用也呈动态变化，某些特定的关系可能随着时间的推移无法继续为企业的战略目标服务；合适的网络有助于企业创造更多的价值，不当的网络则可能带来负面效应；企业内部各部门之间常常因为资源分配、目标差异和环境不确定等产生紧张气氛或发生冲突。面对这些网络问题，企业必须学会管理自己的网络（Anand & Khanna, 2000），具备卓越的网络管理能力。社会网络只是一种结果，是由企业的网络能力决定的。因此，创建、管理和终止重要关系的网络能力是企业的一项核心资源。一个拥有较强网络能力的企业，可以充当一个战略选手，能够在与其他组织的合作中把自己置于中心地位。一个在合作网络中拥有中心位置的企业，能够了解其他组织在网络中的位置和信息流，利用自身的中心位置来有效地选择未来的合作伙伴（Wasserman & Faust, 1994）。此外，中心的网络位置有利于塑造企业的声誉，能使网络中的其他组织成为一个具有吸引力的合作伙伴（Brass et al., 1998；Powell et al., 1996）。因此，网络能力逐渐引起学术界和实践界的重视。根据国内外相关研究的归纳，网络能力包括三层内涵：第一，网络能力的基础是企业内部各类知识；第二，网络能力水平通过不同的网络管理活动来衡量；第三，网络能力是不断演化的动态能力。近来，部分学者研究了网络能力与创新之间的关系（Ritter, 1999；Ritter & Gemünden, 2003；邢小强和仝允桓, 2007；陈学光, 2007；方刚, 2008；Chiu, 2009；任胜钢, 2010；李国强等, 2019），但他们都是基于高新技术行业，并未对其他行业进行研究，其结论并不能推广到所有行业；有些学者将网络能力看成单一维度，有些学者则从不同维度对其进行测量；大部分的研究只是验证了网络能力对创新绩效的直接影响，少有加入中间变量和调节变量的研究，不能解释网络能力对创新绩效的作用路径和具有相近的网络能力的部分企业仍存在创新绩效差异的现象。因此，关于企业网络能力对创新绩效影响的研究还相当欠缺。从实践界来看，网络化对企业创新既有积极影响又有负面影响，企业应该予以高度重视。但是在我国制造业企业中，大多数企业还没把网络化放到应有的高度，更不用说从战略的视角来审视组织在网络中对环境的响应（赵爽，2009）。陈学光（2007）指出，关于制造业企业的网络化技术创新研究应该引起人们的重视。

另外，知识对企业来说是一个重要的资源，知识的广度和深度往往影响着企业的生产和革新，仅靠企业内部来开发新知识是远远不够的。Rothwell（1992）研究发现，企业在进行技术创新时，需要从外部获取的核心知识约占三分之一。企业内部知识会随着技术的进步和需求的变化而过时，Argote 等（1990）通过对造船厂的研究发现，即使控制产品变化，知识仍会迅速贬值和陈旧。而且，知识并不能直接用于解决问题，它必须以具体的形式被描述和植入到程序、规则、方法和实践中，才能够真正地解决问题。陈福添（2006）认为，知识整合不仅涉及个体知识，还需要群体知识、组织知识和其他组织的知识。如果能够集合内外力量将企业内外部知识整合起来，就可以及时开发新的知识。所以，跨组织的知识获取和整合对企业而言非常重要。为了降低风险和研发成本，许多企业通过与网络伙伴协作来获得知识合作的利益（Parker，2000）。但是，研究发现，企业在与外部组织协作进行新产品开发时，面临着知识管理的挑战（Berends et al.，2007），网络伙伴之间的知识转移常因充满歧义和不确定性导致过程并不顺畅，知识整合活动呈现出动态性，其结果很少能预知。在高度不确定的环境下，企业并不能保证网络合作伙伴能够分享他们所有的知识，这对企业跨组织获取知识和整合知识而言无疑是一大挑战。Grant（1996）认为，企业管理的主要任务是为知识整合建立必要的协调。在知识经济和网络化背景下，如何通过构建和管理网络关系来有效地获取、整合内外部知识，对企业而言是一个重要和困难的问题。本研究的基本逻辑关系见图 1 - 3：

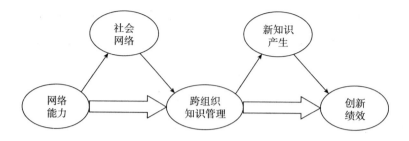

图 1-3　网络能力与企业创新的逻辑关系

第二节　研究目的和研究意义

一、研究目的

研究目的是探索在中国企业经营管理实践的背景下，处理内外关系的网络能力对制造业企业创新绩效的作用机理，其中包括跨组织知识管理的中介效应和学习导向的调节效应，为促进我国制造业企业的创新绩效提供科学的理论依据。

（1）明确网络能力的概念和结构维度。网络能力在国内的管理研究领域中起步较晚，明确网络能力的概念和结构维度是进一步展开研究的基础。

（2）明确网络环境下跨组织知识管理的概念和结构维度。有关知识管理的研究很多，但由于网络环境的出现和企业合作的频繁，对知识的管理不能仅限于企业内部，应将研究视角和理论探索拓展到企业外部，关注流动在网络中的知识。

（3）探讨企业网络能力对创新绩效的影响机理。本书将跨组织知识管理的两个维度作为中介变量，探寻了企业网络能力影响创新绩效的内在机理。

（4）探讨企业学习导向的调节作用。学习导向对企业经营非常重要，本书探讨了学习导向在网络能力影响跨组织知识管理过程中所发挥的调节作用。

二、研究意义

随着经济全球化和现代信息技术发展的进一步加快，社会组织明显呈现出由群体、团队转向网络化的趋势，网络能力成为理论研究的热点。知识经济的到来打破了传统的市场竞争格局，使企业的生存和发展环境发生了巨大变化，许多企业不得不将创新作为它们战略的一部分，建立组织机制和程序，以此来获得商业利益（Hill & Rothaermel，2003）。环境的变化使创新变得更加复杂和困难，创新过程需要大量的知识和技能，单一企业所拥有的有限资源已无法满足创新的要求，所以企业能动地通过网络关系和网络位置来获得和整合跨组织知识将是产生竞争优势的另一途径。这种建立和管理网络关系与网络位置的能力就是企业的网络能力，网络能力使企业通过自身的资源与其他组织建立关系，以此来获取顾客需求、核心技能和市场信息等知识，从而开发出适销对路的产品；另外，网络能力还可以帮助企业选择对开发市场、生产和销售有重要影响的合作伙伴，重组知识和资源，实现协同效应，为企业营造一个可持续的双赢局面。

全球制造网络随着时代的进步应运而生，虽然为我国本土企业提供了进入国际分工体系学习的机会，但却将我国大量的制造业企业锁定在低附加值环节。因此，如何通过改变在全球制造网络中的位置来提升我国本土企业的创新能力，从而实现价值链的高端攀升，是我国企业当前面临的一个重大战略问题，这要求我国企业不断地提升网络能力，通过建立和优化内外关系，来进行跨组织知识获取和跨组织知识整合，不断地进行合作创新，从而带动企业其他能力的提升和企业的发展。本书提出的网络能力包含四个维度，既包括内外关系的处理能力，又包括战略和操作层面的能力，涵盖了网络构建和网络管理的基本活动，对企业实践有一定的理论指导价值。

知识对企业而言是一种重要的资源，企业不能仅靠内部的知识来经营和创新，企业的竞争优势来自于知识整合，而不是单一的知识（De Boer et al.，1999）。网络环境的出现以及知识与技术的飞速发展，要求企业除了建立内部知识网络和知识库以外，还需要积极有效地建立外部网络，以吸收和整合外部供应商、客户、竞争者、合作伙伴和中介机构等组织的知识，只有综合利用企业内外部的知识，才能真正提高企业的能力和竞争水平。跨组织知识获取和跨组织知识整合不是一个任意的自发过程，需要有一定的因素作为支撑。企业的战略规划、企业间的关系、企业的网络位置、学习意图、领导参与和知识的性质等因素都会不同程度地影响跨组织知识获取和跨组织知识整合，企业应该能动地将这些因素控制在对其有利的范围内，扫清知识获取和知识整合的障碍，明确跨组织知识管理的任务和目标。如果盲目地进行跨组织知识整合，可能会泄露关键信息，反而丧失竞争优势。因此，跨组织知识管理要以培养网络能力为前提，通过建立网络位置和网络关系，识别、获取和整合网络中的知识，积极创新，缩小与全球先进企业的差距。

第三节　研究方法与技术路线

一、研究方法

本书注重理论与实践的结合，采用了规范研究与实证研究相结合的方法，具体来说，包含如下研究方法：

（一）文献资料法

本书在研究目标和研究问题的指引下，利用图书馆所提供的数据库系统和相关搜索引擎，对国内外已有的相关文献和资料进行了检索、阅读、归纳和总结，了解已有的研究成果和最新的研究动态。在综合分析国内外相关研究的基础上，展开对网络能力的研究。

（二）访谈法

在正式进行数据收集之前，访谈是提供构思、测量变量的最好方式。在访谈之前，首先要拟好访谈提纲和访谈计划，然后根据一定的访谈程序对相关人员进行访谈。

（三）问卷调查法

问卷调查法是本书收集研究数据的主要方法。它包括问卷设计、问卷发放和问卷回收三个步骤。本书的调查方法有三种：一是与被调查企业直接联系，在与该企业中高层管理人员进行访谈的同时完成对该企业的调查任务；二是在参与其他课题的过程中发放调查问卷；三是委托亲人、朋友和同学等来帮助发放和回收问卷。

（四）数据分析与处理

根据收集的调查问卷，对各类数据进行相应的分析处理，分析方法包括信度分析、因子分析、回归分析和结构方程分析等，分析时所采用的软件工具为 SPSS 19.0 和 AMOS 19.0。

二、技术路线

本书基于研究背景和文献提出问题，继而通过理论分析提出研究假设，然后利用统计分析工具对假设进行验证，最后得出结论并提出展望。本书的技术路线如图 1-4 所示。

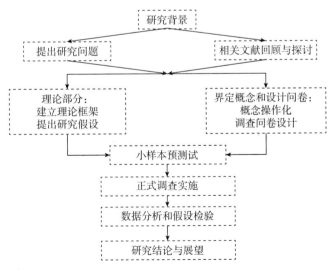

图 1-4 本研究的技术路线

第四节　研究框架与研究创新

一、研究框架

在明确研究背景和研究目的的基础上，本书的研究内容按照以下结构安排：

第一章为绪论。首先阐述了本书的研究背景、研究动机、研究目的、研究意义、研究方法和技术路线，最后说明了本书的研究框架和研究创新。

第二章为相关文献综述。首先对本书的理论基础进行了深入系统的回顾，分别为社会网络理论、企业能力理论、知识管理理论和开放式创新理论，接着对创新绩效、企业网络能力及网络能力与创新的关系的相关文献进行了简要介绍，并进行了相应的评述。

第三章为概念模型和理论假设。首先对网络能力与跨组织知识管理的概念和维度进行了重新界定；其次根据已有的研究成果，在逻辑推理的基础上构建了概念模型，并进一步提出了跨组织知识管理在网络能力与创新绩效关系中的中介作用的相关假设，以及学习导向在网络能力对跨组织知识管理关系的调节作用的相关假设。

第四章为问卷设计与修正。包括问卷设计的原则与程序，以及网络能力、跨组织知识管理、创新绩效和学习导向测量量表的设计过程，通过预测试对量表进行纯化，然后运用信度检验、探索性因子分析和共同方法偏差检验等方法对问卷的可靠性进行检验。

第五章为研究假设检验。通过收集与处理样本数据，运用结构方程建模方法，对调查问卷的信度、效度及相关研究假设进行检验，并对检验结果进行分析。

第六章为研究结论与研究展望。总结本书的结论，归纳研究结论的理论贡献与实践启示；分析本书的不足之处，指出未来研究的方向并提出建议。

二、研究创新

本书主要的创新点有以下几个方面：

第一，从企业的内外网络视角，重新界定网络能力的概念模型。

关于企业网络能力的内涵和构成，学者们并没有形成一致的观点。以往关于网络能力的研究往往只关注企业外部网络的管理，忽略了企业内部网络的管理。本书在综合以往关于网络能力研究的基础之上，结合企业的内外部网络视角，将网络能力划分为四个维度，分别是网络愿景能力、网络构建能力、关系优化能力和内部协作能力，并对其概念和内容进行了详细阐述，然后通过收集国内制造业企业的数据，验证了本书构建的网络能力模型。相较于一些网络能力的单维度测量研究，本书的四维测量更加全面，能够充分体现网络能力的资格和任务层以及内部和外部网络管理能力的结构体系。

第二，在网络能力与企业创新的研究中，引入跨组织知识管理变量，开启一个新的研究视角。

以往关于知识管理的研究多局限于组织内部，少有跨边界的知识管理研究。本书根据知识管理理论，归纳出跨组织知识管理的含义，即企业利用自身的网络位置和网络关系，通过一连串的跨组织知识活动来协助企业有效利用组织边界内外部的知识，最终达到提高组织业绩的目的。并通过回顾知识管理的过程模型，将跨组织知识管理的维度划分为跨组织知识获取和跨组织知识整合。本书基于社会网络理论和企业能力理论，在企业网络能力与创新的研究中引入跨组织知识管理变量，为研究网络能力与创新绩效之间的关系开启了一个新的研究视角。

第三，构建并检验了基于企业网络能力和跨组织知识管理的创新绩效提升路径关系模型。

首先，以社会网络理论和企业能力理论为背景，将网络能力作为跨组织知识管理的重要前因变量，探讨了网络能力的四个维度，即网络愿景能力、网络构建能力、关系优化能力和内部协作能力对跨组织知识获取和跨组织知识整合的影响；其次，根据知识基础论观点和创新影响因素的研究，研究跨组织知识管理对创新绩效的影响作用；最后，根据组织学习理论，提出了学习导向在网络能力与跨组织知识获取关系、网络能力与跨组织知识整合关系中的调节作用，解释了部分网络能力相近的企业有不同的跨组织知识管理能力的原因。

第二章　相关文献综述

第一节　研究的理论基础

一、社会网络相关理论概述

（一）社会网络的定义

社会网络的概念起源于人类学和社会学，最早出现在英国人类学家拉德克利夫·布朗（1940）的著作《论社会结构》中。后来，许多学者基于不同的研究视角和层次对社会网络进行了界定。Mitchell（1969）认为，社会网络是指特定的个人之间存在的一组特定的联结，这些联结构成一个小系统，可以用来解释介入其中的个人的社会行为。Aldrich等（1987）认为个人网络是指与个人有直接或间接关系的人所构成的整体。Wellman（1988）认为，社会网络是由某些个体之间存在的社会关系构成的相对稳定的系统。Malecki 和 Tootle（1997）将社会网络定义为建立在相互依赖、合作和信任基础上的经济主体之间所形成的关系，这种关系不同于市场组织和层级组织。Granovetter（2000）将社会网络定义为通过社会关系和特殊类型的关系而联结起来的结点或行为主体所构成的网络。贺寨平

（2001）认为社会网络是一定范围内的个人之间所形成的相对稳定的社会关系。何深静、于涛方和方澜（2001）将社会网络定义为个人同其他人所形成的所有正式和非正式的社会联系，同时还包括人与人所形成的直接社会关系和通过共享环境和文化而结成的非直接的社会关系。赵杰（2003）认为社会网络是以个体为基本单元，并在此基础上所组成的各种形式的社会群体，它们在不同条件或标准下扮演着社会子系统的角色，它们各自具有特定的性质，是社会相互作用的组成部分。

将上述有关社会网络的定义概括起来可归纳为三种：第一种认为社会网络是一群特定的个人之间的独特联系（Mitchell，1969；Aldrich et al.，1987；Wellman，1988）；第二种认为社会网络是两个或两个以上的组织之间的相互依靠、相互支持的长期关系（Thorelli，1986；Johnson & Mattsson，1988）；第三种认为社会网络是行为主体获取信息、资源和社会支持以便识别与利用机会的各种关系的集合（Landry et al.，2002；Kilduff & Tsai，2005）。由此可以看出，社会网络的定义范围在逐渐拓宽，由群体内部扩展到组织外部，这是由组织间关系发展的需要促使的。

（二）社会网络的演化

网络演化理论关注网络演化的影响因素和演化过程（许冠南，2008）。社会网络不是静止的，它是一种社会环境，受社会需求的影响而发生变化（Granovetter，1985；Burt，1992）。企业成长经历着一个动态过程，其网络结构因受自身发展和环境的影响而不可避免地发生着演化。Chu（1996）认为，在企业发展的不同阶段，网络呈现出不同的特性。在此，将企业社会网络根据演化的影响因素分为企业发展—网络演化模型（Butler & Hansen，1991；Greve & salaff，2003；Lechner & Dowling，2003）与环境变化—网络演化模型（Koka et al.，2006）；根据演化方式分为渐进式演化模型（Gulati，1995；Ahuja，2000；Chung et al.，2000）和探索式演化模型（Lori & Giovanna，2008），见图 2 - 1。

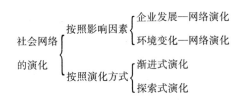

图 2 - 1 企业社会网络的演化类型

1. 企业发展—网络演化模型

网络与企业发展存在共同进化的关系（Koza & Lewin，1998）。Butler 和 Hansen（1991）提出了网络演化的阶段模型。他们认为，创业的最初阶段为创业孕育期，而与之相对应的社会网络即为初级社会网络；创业的第二个阶段为企业初创期，与之相对应的社会网络即为业务聚焦的社会网络；创业的第三个阶段是业务拓展期，与之相对应的社会网络即为战略型社会网络。

在创业孕育期，创业者从社会网络中识别机会和吸收资源，并建立企业。在这一阶段，企业网络更多地表现为企业家的私人网络，以其亲人、朋友为主（Larson & Starr，1993；Bhide，1999）。Bhide（1999）通过对 500 家企业的实证研究，发现亲人与朋友比银行与投资机构更常提供最初的财务支持；在企业初创期，企业建立的各种规范使私人之间的关系通过惯例和程序逐渐变成组织间的连接，并随着企业的不断发展，企业的社会网络关系逐渐被工具化，成功的企业家特别擅长同那些对企业成功有重要影响的人建立和发展关系；在业务拓展期，需要更多的资源支撑，创业者会以现有的社会关系为基础，通过广泛建立业务联系来不断扩大业务网络，最终建立起一个战略性的社会网络。

Greve 等（2003）研究了社会网络特征与创业阶段的关系，研究结果显示，创业者不但会系统地构建自己的网络，而且构建的网络结构与内容会因企业所处阶段的不同而有所变化。他们把创业分为三个阶段：第一个阶段是创业动机产生阶段，在这一阶段中，为了避免创意被公开，创业者的社会网络仅仅局限于亲人或朋友；第二个阶段是创业计划阶段，在该阶段中，创业者为了获得创业必需的信息、技能、资源和经营关系，他们会想方设法扩大自身的社会网络；第三阶段分为两种情况，第一种情况是创办新的企业，在此过程中，创业者开始收缩自己的网络关系，并将重心转向那些能提供资源和信守承诺的网络成员（Chu，1996）；第二种情况是接管现成的企业，创业者会维持和开发已经存在的社会网络。其中，第二阶段中创业者的社会网络规模最大。

企业的社会网络随着企业的成长发生了三个方面的变化：从嵌入连接到建立一定市场关系（类似市场连接）的平衡；从强调粘连关系到开发结构洞；从更多的路径依赖到有意识地管理网络。总之，随着企业的成长，企业网络从个人基础、路径依赖逐渐变为更理性、更有意识地管理网络（Hite & Hesterly，2001）。将企业发展—网络演化用图 2 - 2 表示出来：

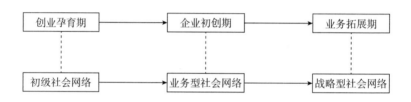

图 2 - 2　企业发展—网络演化模型

2. 环境变化—网络演化模型

Koka 等（2006）分析了环境对网络演化模式的影响，他们认为，由于环境中的许多因素都可能影响网络的演化，所以，仅从企业本身来考查网络演化并不能完整地解释网络演进的规律。Koka 等从不确定性（Uncertainty）和包容性（Munificence）两个方面考查了环境的变化，不确定性是指环境随机变化，无规律可循；包容性是指环境对资源的可容纳性，即资源的可利用性，并提出企业为了应对环境变化产生了网络收缩、网络动荡、网络强化和网络扩张四种网络演化模式。在每种模式下，网络连接的新建和解除、组合规模及组合范围都表现出了不同的特征（见图 2 - 3）。研究者们认为 Koka 等（2006）的模型关注环境对网络演化的影响，因此，将该模型称为环境变化—网络演化模型。

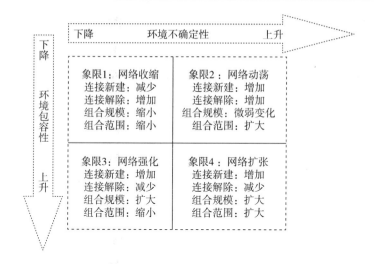

图 2-3 外部环境对网络变化方式的影响①

第一种模式为网络收缩。当外部环境的不确定性和包容性都下降时,企业可用于增加网络活动的资源随之减少,这限制了企业增加网络活动的机会。在此情况下,企业很难去寻找新的伙伴来创造新连接。具体原因包括以下几个方面:第一,不确定性的降低导致环境变得可预测,企业具有清楚的因果关系推论;第二,不确定性的降低意味着环境异质性的降低,企业拥有较多关于伙伴、竞争对手和他们潜在行为的信息和知识;第三,在环境稳定的情况下,企业尝试新的试验有可能导致竞争优势流失;第四,企业能力的减退将抑制新网络活动的产生。包容性下降,如产品供给容量的减少,给企业带来了竞争压力,这将促使企业加强同现有伙伴的关系,有计划地控制产量,开发新产品。同时,企业为了巩固现有关系和应对竞争,需要释放一些资源,这将导致企业某些现有连接的解散。在这种模式下,社会网络中的新连接数量将减少,网络活动被限制在现有的伙伴中,并且伴随着大量联盟的解除,连接组合中的规模和范围将缩小。

第二种模式为网络动荡,对应的外部环境为不确定性上升、包容性降低。不

① Koka B. R. , Modhavan R. , Prescott E. . The Evolution of Interfirm Networks: Environmental Effects on Patterns of Network Change [J] . Academy of Management Review, 2006, 31 (3): 721-737.

确定性的上升增加了环境的预测难度和异质性，降低了资源的有效性。尽管不确定性的上升增加了与新伙伴新建连接的机会和需求，但包容性的降低导致这种行为将受到形成这些连接的所需资源减少的限制。在这种情况下，企业的新连接仅局限于现有伙伴，因为开发新伙伴比维持旧关系需要更多的资源。另外，企业需要将资源集中于对环境变化有帮助的连接，由于伙伴间的现存规则可能不适用于新环境，因此，要从一些旧的连接中抽回资源，以强化某些已有的连接和建立新连接。资源的减少表明企业在新环境下不能维持所有的选择。包容性下降既有可能抑制企业内部资源的利用，又会阻碍企业从外部获取资源。网络动荡表示网络结构的松动，将导致不同企业在网络中的位置发生变化（Madhavan et al.，1998），这种环境给一些企业提供了改善网络位置的机会，最终表现为连接的新增数量和连接的解除数量都增加，组合规模发生了微弱变化，组合范围扩大。

第三种模式为网络强化，对应的外部环境为不确定性降低、包容性上升。不确定性的降低意味着环境的可预测性提高、竞争基础相对完善。稳定的环境使企业缺少去打破竞争平衡的创新动力，资源有效性的提高给企业提供了向网络成员展示自己的机会。环境包容性的上升吸引了许多新的潜在进入者，现有企业为了阻止新进入者，不得不通过与现有伙伴或网络中的成员联盟，以提高行业的进入门槛。在这种环境下，巩固现有的网络连接比开发新连接好。企业将选择重复联盟而不是完全发展新的伙伴，伙伴之间的信任也逐渐建立起来。在该模式下，连接新增的数量增加，连接解除的数量减少，组合规模扩大，组合范围缩小。

第四种模式为网络扩张，对应的外部环境为不确定性上升、包容性上升。不确定性的上升降低了资源的有效性和模仿的可能性，给企业带来了巨大的风险，但同时又提高了企业接受新思想的能力，增加了与新伙伴新建连接的机会和需求。包容性的上升增加了新进入者的数量。各种力量的交汇导致大量的新连接产生，这些新连接大部分产生于新伙伴之间。同时，企业将更加强化现有的连接，这是因为信息流和社会规范的实施使得嵌入在稠密网络的连接有可能变得更加坚固（Granovetter，1985；Koka & Prescott，2002）。现有连接的强化是应对不确定性的方法之一，Uzzi（1997）认为，强连接通过频繁深入的信息传递和与伙伴共同解决问题从而降低时间成本和复杂的适应性。在该模式下，连接新增的数量增加，连接解除的数量减少，组合规模扩大，组合范围扩大。

环境变化—网络演化模式反映了企业为适应外部环境而对网络进行修正的过程，并解释了企业网络为什么进行演化和怎样进行演化这两个问题。这一模型主要探讨了环境因素对企业网络的外在表现形式（如连接数量、组合特征等）的影响，因而，难以深入揭示网络演化过程中的关系发展规律①。

3. 渐进式演化

渐进是对各种持续性与积累性变化的统称，以复制以往的行为为主。焦点企业在先前网络活动经验的指导下，通过维持或删除现有的直接连接或将现有的间接连接发展成直接连接，从而收缩或扩大社会网络，这种方式被认为是社会网络的渐进式演变。在渐进式演化路径中，网络中的粘连性和企业的声望起到了非常大的作用。粘连性表现为直接连接和间接连接，先前的直接连接为焦点企业提供了学习技能的可靠途径，间接连接为焦点企业提供了潜在伙伴的信息，提高了关系维持和建立的可能性；企业声望提高了获得伙伴认可的可能性，通过口碑效应，企业的名声易在网络中传播，从而来吸引网络伙伴成员的青睐。先前的网络结构提供了一种社会暗示，帮助焦点企业减少了搜寻成本和机会主义的发生（Gulati & Singh，1998）。渐进式演化认为以往的合作经历能使焦点企业了解伙伴的能力和信誉，但限制了企业了解其他组织的信息，不利于焦点企业获得更多的异质性伙伴。

4. 探索式演化

探索，即通过不断搜寻和研究去发现新的东西。探索式演化是指焦点企业突破现有网络结构的局限，通过对网络以外的组织进行搜寻、关注、分析和建立关系，改变了自身的网络结构，比如，构建结构洞、发展新的网络伙伴等。因为拥有结构洞能为焦点企业带来丰富的中介收入，比如，不同的信息流（Hargadon &

---

① 伍满桂．创业企业网络动态能力与创新社会网络沃度研究［D］．杭州：浙江大学博士学位论文，2008.

Sutton，1997），所以，企业非常重视开发非本地的陌生伙伴。另外，对技术知识的系统探寻能促使企业战胜网络活动的路径依赖。探索式演化克服了网络演变的路径依赖，这种模式通过对伙伴的搜寻促使焦点企业重组网络，使焦点企业在社会网络中重新定位。无论是通过远处搜索还是结交行业的新进者，这些新关系的加入都促使资源进行重新组合，重新定义了网络中企业相互依存的模式，为焦点企业的网络改造提供了新的动力。因此，探索式演化是通过转变网络的复制形式来改革现存的网络结构的。探索式演化意味着新伙伴的加入，这能给企业带来新的思想和方法（Lori & Giovanna，2008），但同时也增加了企业的搜寻和评估成本。

（三）社会网络理论

社会网络理论开始于 20 世纪五六十年代，最初主要用于社会学问题的研究，包括社会经济行为和过程研究。社会网络比正式结构更能有效地预测组织行为（Krackhardt & Hanson，1993），它于 20 世纪 90 年代被广泛应用于经济、管理等学科领域，并在国外得到了极大的重视，成为了企业研究的一个热点。社会网络框架给我们提供了一个能够理解多重关系对组织产出影响的理论基础。社会网络理论包含以马克·格兰诺维特（Mark Granovetter）为代表的强弱关系理论、以詹姆斯·科尔曼（James Coleman）和罗伯特·帕特南（Robert Putnam）为代表的社会资本理论和以罗纳德·伯特（Ronald Burt）为代表的结构洞理论。

1. 强弱关系理论

连接强度是一个关于时间总量、情感强度和亲密程度（相互信任）的组合，以互相服务为特征（Granovetter，1973）。格兰诺维特认为人与人、组织与组织之间由于存在交流和接触，因而形成了一种纽带联系。这种联系可以分为强连接和弱连接两种形式。强连接维系着群体、组织内部的关系，弱连接帮助在群体、组织之间建立纽带联系，因此，强、弱连接在人与人、组织与组织、个体和社会系统之间发挥着不同的作用。格兰诺维特从四个方面来区分强弱连接：一是互动的频率，互动的次数多即为强连接，反之则为弱连接；二是感情程度，感情较深即为强连接，反之则为弱连接；三是亲密程度，关系密切即为强连接，反之则为弱连接；四是互惠交换，互惠交换多而广即为强连接，反之则为弱连接。在格兰诺维特看来，强连接是在性别、年龄、教育程度、职业身份和收入水平等社会经济特征相似的个体之间发展起来的；而弱连接则是在社会经济特征不同的个体之间发展起来的。后来，经过许多学者的检验，发现通过强连接所获得的信息往往重复性很高，而弱连接能带来许多异质性、非冗余的信息。这是因为在群体内部强连接相似性较高，个体所了解的事物、事件经常是相同的；而弱连接发生在群体之间，连接范围较广，它能充当跨越其社会界限去获得信息和其他资源的桥梁，可以将其他群体的重要信息带给不属于这些群体的个体或组织。在中国，熟人关系等同于强连接，这种强连接创建了组织间的信息通道，使组织产生了信息共享的动机，减少了不确定性，帮助焦点企业获得了同行的见解和经验；生人关系等同于弱连接，这种弱连接是多样的、短暂的，通过弱连接可以获得非冗余的信息和新的关系（Burt，1992；Kraatz，1998）。

在林南的社会资源理论中，弱关系的作用超出了格兰诺维特所说的信息沟通的作用，这是因为弱关系连接着不同阶层、拥有不同资源的人们，所以，资源的交换、借用和摄取，往往通过弱关系来完成。而强关系连接着阶层相同、资源相似的人们，因此，林南认为类似资源的交换既无必要，也不具有工具性的意义。

虽然弱关系在研究者们看来有如此大的作用，但是，信息的真实性和有效性并不能作为一个理所当然的前提，而长期交往形成的信任和默契成为我们采纳信息时考虑的关键。所以，强连接是对信息进行先验概率判断的有效保障（姚遂和陈卓淳，2007）。格兰诺维特在1985年提出了"嵌入性"学说，他认为相较于弱连接，紧密联系的强连接对人们确认信息的有效性更有帮助。目前，学术界对于强弱连接功效的看法比较一致：在信息真实的情况下，弱连接更为有效；反之，强连接更有效。因为，市场机制是从人格化交易向非人格化交易深化过程中的必然产物（Portes & Sensenbrenner，1993）。在发达的西方市场经济中，市场交易方式更多体现为非人格化的交易方式，存在基于普遍的信任原则和产权规则的制度背景，此时，交往起着传递信息的作用，弱连接便成为了一种信息获取的主要方式；而在东方，普遍的信任原则和产权规则尚未建立，为了保证交易的效率，强连接便成为了东方国家获取社会资源的主要手段。Burt（1992）曾指出，弱关系并不是充当桥梁的先决条件。边燕杰（1999）认为，在以伦理为本位的中国社会，信息的传递往往是人情关系的结果。人情关系通常是强关系，人情关系越强，办事的成功率越高，信任与熟悉密切相关。因此，本书认为，在中国经济转型的背景下，许多制度还有待完善，机会主义行为并不能完全被约束，对企业进行知识管理更有帮助的是强连接。

2. 社会资本理论

社会资本这一概念源于社会学（Nahapiet & Ghoshal，1998），20 世纪 80 年代，法国学者 Buodriue 正式提出了"社会资本"的概念，并指出社会资本存在于人际关系的结构之中，它既不依附于独立的个人，也不存在于物质的生产过程之中（科尔曼，1990）。这个概念后来被社会学家用来分析个人、组织与社会，在社会行为、社会组织和社会发展等具体的研究领域取得了突破性进展。其后，随着经济的发展和学科的交叉融合，社会资本被广泛应用于各种学科，如经济学、政治学和管理学等，成为了一个具有较强解释力、最具影响力和潜质的理论概念（张文宏，2003）。

经过多年的发展，众多学者基于各自的知识背景和专业，从个人、企业、社会不同层面探讨了社会资本，产生了多种有关社会资本的定义，其一是资源观，认为社会资本是行为者通过社会关系网络得到的可用资源（Bourdieu，1985；Baker，1990；Coleman，1990；Putnam，1995；Nahapiet & Ghoshal，1998；林南等，2003）；其二是能力观，认为社会资本是行为主体与社会的联系，以及通过这种联系摄取稀缺资源的能力（Fukuyama，1995；Portes，1998；边燕杰和丘海雄，2000）；其三是网络观，认为社会资本是公民间自发形成的合作关系网络（Hout，1998；Brehm & Rahn，1997；Pennar，1997；张其仔，1999）。具有代表性的定义见表 2 - 1。目前，普遍接受的定义是指个体或组织能够从其所拥有的关系网络中获取的实际或潜在资源的总量，或者说是个体或组织与其他个体或组织之间所形成的相对持久的联系，以及依靠这种联系来获取资源的能力总和（叶昕和丁烈云，2004）。社会资本的存在形式是社会行为者之间的关系网络，本质是这种关系网络所蕴含的、在社会行为者之间可转移的资源。任何社会行为者都不能单方面拥有这种资源，必须通过关系网络来发展、积累和运用这种资源（边燕杰，2004）。

表2-1 社会资本的定义

类别	代表人物	社会资本的定义
资源观	Bourdieu（1985）	即通过占有关系网络而获取的实际的或潜在的资源的总和，这些资源是同有某种持久性的网络分不开的，而且这些网络关系或多或少是制度化的
	Coleman（1990）	是个人的社会结构资源，行动者可以通过此种社会结构资源实现自身利益
	Baker（1990）	是行为主体从特定的社会结构中获得的资源，它通过行为主体间关系的变化而产生
	Nahapiet 和 Ghoshal（1998）	是实际和潜在资源的总和，它嵌入于行为主体占有的关系网络中
	林南等（2003）	是嵌入于社会网络中，在有目的的行动中可以获得或调用的一种资源
能力观	Fukuyama（1995）	是为集体或组织的共同目标共同工作的人们的能力
	Portes（1998）	指个体利用其社会网络或其他社会结构中的成员身份来获取利益的能力
	边燕杰和丘海雄（2000）	是行动主体与社会的联系，以及通过这种联系摄取稀缺资源的能力
网络观	Hout（1998）	是一种信任和宽容的文化，在此状况下会有大量的自愿性连接网络出现
	Brehm 和 Rahn（1997）	是有利于解决集体行动难题的公民之间的合作关系网络
	Pennar（1997）	是通过影响个人行为从而影响经济增长的社会关系网络
	张其仔（1999）	是在信任和合作基础上人与人之间所形成的社会网络

上述三种观点代表了学者们不同的研究视角，互相之间并不排斥，甚至出现了观点重叠。无论是哪种观点，都不能否认社会资本存在于网络之中，可以为行动者带来较大的收益。社会资本的定义之所以如此广泛，是因为这些研究者们并

未分清社会资本所包含的不同层次。Brown（1997）从微观、中观和宏观三个层次概括了社会资本，其中，微观层面探讨的是社会实体（个体、组织和团体）之间形成的网络、规范和社会价值等；中观层面探讨的是社会实体之间的联系类型及其结构位置如何带来资源的问题；宏观层面则讨论的是团体、组织、社会或国家中一个群体对社会资本的占有情况。边燕杰（2000）从方法论的角度对社会资本进行了分类，它们是网络陷入资源法、网络结构法以及网络成员法，分别对应微观、中观和宏观三个层面。Adler 和 Kwon（2002）根据社会资本来源的不同将社会资本分为两个层次：一种是外部社会资本，即帮助行为个体获得外部资源的社会关系；另一种是内部社会资本，形成于行动者或群体内部，可以帮助提升群体或集体的行动水平。Leana 和 Buren（1999）类似地将社会资本分为外部社会资本和内部社会资本，认为外部社会资本是一种私人财产，服务于某一行动者；内部社会资本是一种公共财产，服务于某一群体。

西方国家对社会资本的结构维度进行了大量的研究，其中，Nahapiet 和 Ghoshal（1998）将社会资本分为三个维度，分别是结构维度（Structural Dimension）、认知维度（Cognitive Dimension）和关系维度（Relational Dimension）。结构维度是指行动者之间联系的整体模式，这一维度主要关心的是网络联系和网络结构的特点，包含网络规模、网络密度和网络异质性等特征变量，主要体现网络的整体特性。其中，网络规模指的是与焦点企业直接联系的成员数目；网络密度用来描述整体网络性质，是指既有关系的数目与包括潜在关系的所有数目之比；网络异质性表示的是网络成员之间的非相似性。认知维度指的是为有效促进群体内的成员对群体目标、行为方式的共同理解而共享的语言、符号和共有编码等，主要反映网络联系的认知质量。关系维度是指通过创造关系或者由关系获得的资产，包含信任、规范、认同和义务等变量，主要反映网络中的主体向他人转移资源或进行合作的意愿（柯江林等，2006）。此后的很多学者都使用这种划分方法进行了社会资本的相关研究（Bolino et al.，2002；张方华和陈劲，2002；Lee et al.，2005；Chiu et al.，2006；Atuahene - Gima & Murray，2007）。大量的学者经过理论和实证研究，发现社会资本的三个维度对知识转移、组织学习与创新等都有显著的正向影响，社会资本在创新中的意义重大。

由此可以看出，社会网络是通过社会资本的不断积累而形成并扩展的。对企业而言，它在形成并增加社会关系的过程中通过构建特定结构的网络，设置网络中的资源获取方式，依靠对网络关系的不断复制从而增加社会资本。因此，企业的成长和发展与社会资本紧密相关。

3. 结构洞理论

罗纳德·伯特（Ronald Burt）在强、弱连接的理论基础上于 1992 年提出结构洞理论[①]。所谓结构洞，即社会网络中的参与者和有些参与者发生直接联系，但与其他参与者不发生直接联系，从网络整体上看好像网络结构出现了洞穴，伯特将这种关系稠密地带之间的稀疏地带称作结构洞，比如，在由 A、B、C 组成的网络中，如果 A 与 B 相连，B 与 C 相连，而 A 与 C 不相连，则 AC 是一个结构洞（见图 2 - 4）。B 与 A 或 C 之间的关系可能是强关系，也可能是弱关系，但这些都已不重要。伯特认为，竞争是关系问题，竞争优势不仅是资源优势，还是关系优势，占有结构洞多的竞争者，关系优势就大，获得较大经济回报的机会就高。这是因为存在结构洞，某些行为主体就有机会同结构洞两端的行为主体分别相连，从而为这些连结起来的参与者带来新的信息，使资源通过这种新连结流动起来。这种填补结构洞的行为被称为搭桥（bridge）。通过搭桥建立的新关系和新连结，扩大了网络规模，改变了网络结构。

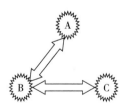

图 2 - 4　结构洞

---

① Burt R. S.. Structural Holes：The Social Structure of Competition，Cambridge ［M］. Cambridge：Harvard University Press ，1992.

根据结构洞理论，嵌入在稀疏连接网络中的企业更有可能掌握非冗余信息，从而获得效率和信息经纪优势，这是因为处在结构洞中心的企业在联结其他组织时，更方便接触到异质性的信息，并且其伙伴之间的结构洞越多，所获得的信息数量就越多，大量的异质性信息既能使企业避免将时间浪费在冗余信息的处理上，又能使企业及时创造出更多的获利机会；另外，结构洞中心的位置使企业扮演了中介人的角色，成为了其他企业的依赖。一旦企业依赖于另一企业，组织间的权力就会变得不平等，高度依赖性的组织就会变成权力弱势。

从伯特的结构洞理论可以得知，企业可以通过改变网络中的结构或不断地开拓网络中的结构洞来获取资源，并能通过控制信息而影响和控制其他企业，从而赢得竞争优势。从这个方面来看，企业的成长和资源获取与网络结构的变化相关联。

二、企业能力理论概述

潘罗斯（1959）发表了《企业增长理论》，她第一次明确提出了基于资源的企业能力思想，她认为，企业是一个生产资源的集合，企业的增长源泉是企业的内部资源。最先提出企业能力概念的是经济学家理查德森，他在《工业组织》中用"能力"来指企业的知识、经验和技能。企业能力发展到现在，共经历过以下几个阶段。

1. 核心能力理论阶段

Prahalad 和 Hamel（1990）提出了核心能力概念，从此，竞争力理论成为了战略管理理论的主旋律。Prahalad 和 Hamel 认为，核心能力是组织的累积性学识，是协调多种生产技能和有机融合多种技术流派的学识。随后，战略管理学界围绕企业核心能力掀起了一个研究高潮。从 1994 年 1 月到 2003 年 6 月以核心能力为标题的文章共计 581 篇，以核心能力为关键词文章共 1193 篇。Prahalad 和 Hamel（1994）出版了《竞争大未来》一书。基于核心能力理论，企业竞争优势的来源由具体的资源变成了抽象的能力，即开发、利用和保护资源的能力。在短期内，一个公司的竞争优势源于现有产品的性价比特性；从长期来看，竞争优势将取决于企业能否以比对手更低的成本和更快的速度构建核心能力。核心能力概念的提出是企业能力理论发展的一个重要里程碑和转折点，企业能力被正式纳入战略管理研究范式的分析框架，并构建了基于核心能力的企业战略管理分析框架。虽然核心能力理论的学者们采用案例研究法提出了很多种企业基本能力，但他们并不能清楚地说明这些能力究竟如何演变成核心能力，对于能力与竞争优势的逻辑关系缺乏实证研究。

随着企业外部环境的进一步变化，核心能力不仅在实践中难以识别，而且在动态变化的环境下也容易导致核心僵化，不可能赢得持续的竞争优势，如1992年，Barton 提出核心能力存在核心刚性问题[①]。

2. 动态能力理论阶段

动态能力理论将战略管理理论中对截面、静态问题的分析转向对纵向、动态问题的研究，即对能力的研究从一次性获取转化为持续取得，持续培育、改进和重构企业的异质性能力。学者们从不同的角度分析了企业的动态能力，形成了不同的认识和观点。本书对有关动态能力理论的文献进行了归纳总结，主要有能力整合观、动态资源观和惯例观三种观点。这三种观点分别把动态能力建立在能力重塑、资源重获和惯例重造的基础上。

（1）能力整合观。Henderson 和 Clark（1990）认为，企业整合能力尤其是技术整合能力就是企业的动态能力。Collis（1994）认为，动态能力实际上是企业在动态适应外部环境变化的过程中管理其他能力的一种能力。Teece 等（1997）把动态能力定义为：为了适应快速变化的外部环境，建立、整合、重新配置企业内外基础能力的能力。当产业技术的变动速度较快或变动幅度较大时，未来市场竞争将充满更大的不确定性，这时，企业的创新反应能力就显得极为重要。"Capabilities"一词强调修正、整合及重新配置企业内部与外部技能和资源的能力，以适应不断变化的环境变动需求。黄江圳和谭力文（2002）认为动态能力是

---

① "刚性"一词是一个物理学概念，与"柔性"或"弹性"一词相对，是指环境变化，物体保持不变的特性。核心能力刚性是指核心能力不仅能帮助企业赢得竞争优势，同时企业还会因核心能力的长期积累而产生一种难以适应环境变化的惰性，即核心刚性。

互联网时代企业网络能力对创新绩效的影响路径研究

指企业保持和改变其作为竞争优势的基础能力的能力。企业的动态能力取决于三个方面：组织和管理流程（企业处理事情的方式，以及当前实践和学习的模式）、位势（指企业当前的技术、知识产权、互补资产、顾客基础以及与供应商和分销商的外部关系等，包括内部定位和外部定位）和路径（历史过程，它像无形的指挥棒一样影响着企业当前和未来的行为，包括规则惯例和组织学习）。持能力整合观的学者们认为，企业的动态能力内嵌于组织和管理流程之中，位势和路径共同塑造企业的组织和管理流程。位势是在某一时点上观察企业，而路径具有依赖性，包括历史的、现在的和未来的动态发展过程，两者共同决定的流程也具有动态的发展过程，故而建立起一个完整的动态能力分析框架，如图 2-5所示。

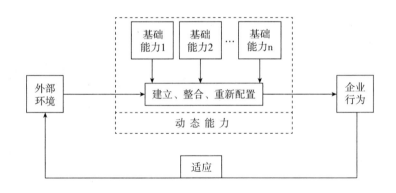

图 2-5　能力整合观下的动态能力分析框架

这种观点是对动态能力的最早认识，吸取了核心竞争力理论的观点，同时又摆脱了核心竞争力的僵化问题，力图将企业已经形成的对各种基础技能的协调整合能力发展成随环境变化而更新、进化的动态能力。但是，能力整合观仍然没有解决"企业动态能力的真正来源是什么，它们又是如何发展的"这个基本问题，并且以能力去解释能力，容易无限循环下去。Collis（1994）曾质疑，既然存在改变能力的能力，那么从逻辑上说就存在着能够改变可以改变能力的能力的一种能力，依此推理，能力存在着无限后退的可能性。

（2）动态资源观。它是指把动态能力建立在对资源的组合与利用的基础之上。Eisenhardt 和 Martin（2000）指出，动态能力是为了匹配市场变化，甚至创造市场变化，是建立在改变资源基础上的组织过程和战略过程，如产品开发、联盟和市场决策；动态能力的有效模式随着市场的动态变化而改变；竞争优势在于资源构造，而不是能力本身。Luo（2000）认为，动态能力是公司在国际市场上追求持续竞争优势的过程中，创造、积累和提升能够为公司带来经济回报、资源和能力的才能。Blyler 和 Coff（2003）认为，动态能力是指为了适应不稳定的外部环境而对企业资源进行获取、整合、组合和剥离的能力，资源是动态能力的主要构成要素，动态能力就是获取、整合、组合和剥离资源的过程。整个分析框架如图 2 - 6 所示。

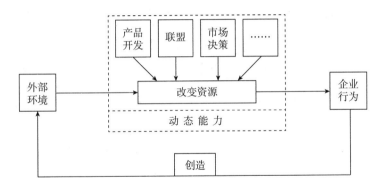

图 2 - 6　动态资源观下的动态能力分析框架

为了进一步说明动态能力与市场变化的关系，Eisenhardt 和 Martin（2000）把市场分为慢速动态市场（指变化缓慢、可预测的、线性的、稳定的市场结构）和快速动态市场（指变化速度快、不可预测的、非线性的、不稳定的产业结构）两种情境，并分析了两种情境下动态能力的特征，如表 2 - 2 所示。

市场机制对动态能力的影响主要体现在以下几个方面：①动态能力的稳定性将随着市场动态性的增强而减弱；②动态能力的特点将随着市场动态性的增强而变化，更加难以获得和保持；③动态能力的偶然性和模糊性将会随着市场动态性的增强而变化。

表 2 - 2　市场动态程度与动态能力的关系

	慢速动态市场	快速动态市场
有效的动态能力特征	复杂的、难以观察的、因果关系模糊的	简单的，很大程度上凭直觉和经验判断
对现有知识的依赖程度	强烈地依赖现有的知识和经验	强烈地依赖于新创建的环境中的特点和知识

　　动态资源观建立在 20 世纪 80 年代盛行的资源基础理论之上，并借鉴了能力整合观的观点，根据外部环境的变化将以前的静态观点转变为现在的动态观点。动态资源观将能力整合观下的抽象动态能力进一步具体化，并对动态能力与市场环境的关系进行了更详细的描述。动态资源观认为的高度动态市场使动态能力高度模糊和偶然，无法清楚地描述动态能力的表现方面，也无法给出确切的途径和依据，并且该观点提出的资源与能力的概念过大，并没有对其进行具体的描述，加之随着市场环境中资源流动性的加强，资源作为核心竞争力的优势越来越弱，因此，减弱了以此为基础的动态能力的实践意义。

　　(3) 惯例观。Nelson 和 Winter（1982）提出企业不仅会建立"操作惯例"（正式或非正式的操作规则和标准程序），还会形成"调整惯例"（使组织改变原有惯例或创造新惯例的规则和程序）。"调整惯例"可以使企业学习怎样变革，并指出惯例变异，即改变原有惯例、搜寻新惯例的两种途径：模仿与创新。欧洲工商管理学院教授 Zollo 和 Winter（2002）将知识演化和组织学习与企业动态能力联系起来，认为动态能力是一种稳定的集体学习（活动）模式，能使企业通过系统地创造或调整其经营惯例来提升自己的效能。动态能力是一种学习机制的结果，这种学习机制包含三种活动，分别是隐性经验积累、知识外在化和知识编码活动。其中，隐性经验积累是一种个体行为，知识外在化和知识编码活动是一种认知行为，企业通过后两种认知行为把个体的隐性知识转化成可识别的文件和图示，形成对行为与绩效之间因果关系更深层次的理解，进而形成对现有惯例的适应性调整或形成企业需要的更多根本性变革的认知，从而形成企业的动态能力。Tsoukas 和 Mylonopoulos（2004）认为知识与学习在动态能力发展过程中起着至关重要的作用。当企业通过知识转换和编码过程对新思维进行选择时，更多的知识也在产生变异，变异过程中嵌套了动态能力的形成。整个分析框架如图2-7所示。

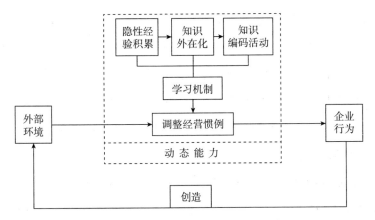

图2-7 知识基础观下的动态能力分析框架

惯例观把动态能力内化为企业惯例性的学习模式，这种模式通过生成变异、内部选择、保留过程来改变企业的经营惯例，又随经营惯例的变化而发生改变。惯例观从企业知识的积累过程方面解释了动态能力的形成机制，认为学习机制在动态能力的演化形成过程中起到了关键作用，着重分析了动态能力与企业绩效的关系。同能力整合观和动态资源观相比，惯例观对动态能力的本质和来源做了更详细和明确的解释，无论是资源还是能力，在组织中的组合和应用都依赖于组织和个人以往的惯例，这些惯例内嵌于组织行为和个人行动中，组织通过学习来改变以往的思维、行为，从而提升企业各方面的能力。惯例观为实践操作提供了一定的依据。

三、知识管理理论概述

1. 知识

知识是一个由来已久的概念，是人们在改造自然的实践中所获得的认识和经验的总和。通过对相关文献的梳理，可以将对知识的认识归纳为以下几种观点：

（1）认知观。这种观点多从隐性的认知力和精神层面来分析知识。德鲁克（1993）指出，知识是一种信念，既包括使信息成为行动的基础方式，又包括通过对信息的运用使主体有能力进行改变的行为方式；Nonaka（1994）认为知识是一种被确认的信念，通过知识持有者和接收者的信念模式和约束来创造、组织和传递；Nonaka 和 Takeuchi（1995）认为知识是一种默契，是团体或个体的价值观与信仰。这些观点都将知识看作是一种隐性的精神、信仰和认知层面的事物，强调协作、修炼与默契，不容易把握与实践操作。

（2）信息观。这是一种将知识等同于信息的观点。Curalnik（1972）认为知识是被组织好的信息，可以用在解决问题上；Davenport 和 Prusak（1998）认为知识是可以辅助我们做出决策或采取行动的、有很高价值的一种信息形态；Johannessen 等（1999）认为知识是为了特定的目的而系统化和结构化的信息；Bender 和 Fish（2000）认为数据经过加工转化为信息，信息的使用与分析产生了有用的知识；Bessand 和 Tidd（2007）认为知识是具有特定情景和特定涵义的信息。信息观强调知识的显性、可存储、传递和共享性，这类学者从信息管理的角度研究了知识管理，对知识管理的研究大都从信息系统入手。

（3）资源观。这种观点把知识等同于人力、物力、财力等资源。Spender（1996）将企业看作是知识生产和应用的准自治系统，认为知识是企业最重要的生产要素；Conner 和 Prahalad（1996）认为企业绩效差异是由组织知识对战略差异化的贡献不同造成的。知识资源观认为虽然知识与资本、人力等有形资源相同，创造新知识的成本较高，但之后的传播和运用成本则相对较低，而且在一定领域内随着生产要素（知识）的集中，该领域内的新知识创造成本会随之降低，知识的产出具有规模经济效应。

（4）能力观。Kought 和 Zander（1992）把企业当作是一个社会团体，团体成员的共享身份使企业比外部市场更能有效地支持个人学习和知识共享，这样可以减少知识交流成本以及对协调规则的需要，提高组织成员知识搜寻和学习的倾向，从而取得外部市场所无法获得的效果。Sveiby（1997）将知识定义为"行动的能力"。这种观点侧重于分析知识的作用，追寻能促进团队协作与知识共享的方式，增进团队和个人能力，提高企业绩效和竞争力。

波兰尼（Polanyi，1958）将知识区分为隐性知识（Tacit Knowledge）和显性知识（Explicit Knowledge）。隐性知识是建立在个人经验基础之上，以非结构化、非形式化为存在形式的知识，具有高度个性化和神秘性，难于理解和交流，需要通过对人类行为的观察、知识的诱导和人际互动来获得，如经验、技巧、洞察力和判断力等；显性知识是指那些能够以正式的语言或文字（如书面记录、数字描述、技术文件和手册报告等）来明确表达和交流的知识。其他学者根据知识的不同特性，对知识进行了分类。Hedlund 和 Nonaka（1993）按照知识载体的差异，将知识分为个人知识、群体知识、组织知识和组织间知识；Garud 和 Nayyar（1994）按照专用性，将知识划分为专用性知识和非专用性知识，按照私有度，将知识分为私有知识和共有知识；Nielsen（1997）按照知识在企业能力中的作用，将知识分为特殊性知识、整合性知识和配置性知识；Thomke 等（1998）按照嵌入性，将知识分为独立知识和粘着知识；世界经济合作与发展组织（Organization for Economic Cooperation and Development）基于经济学的角度，把知识划分为四种类型：关于事实方面的知识（Know－what）、关于为什么的知识（Know－why）、关于怎样做的知识（Know－how）以及关于谁能做的知识（Know－who）。其中，学术界使用比较广泛的还是隐性知识和显性知识的分类方法。知识也可以从深度和广度两个维度来理解（Ryu et al.，2005），深度是指某一专业领域所包含的知识数量，它与专业化的工作任务密切相关；广度是指知识的多样性。

总之，正如 Nonaka（1994）所言，知识是一个多层次、多定义的概念，可以是信念、信息、方法、资源和能力等。本书所指的知识主要是与企业经营相关的知识，比如，产品、市场、技术和管理等各种隐性或显性知识。

2. 知识管理

随着经济和科技的高速发展，知识成为了社会发展的重要推动力和企业参与竞争的重要武器。所以，无论是学术界还是生产领域，知识管理早已成为了一个大家都关注的话题。Amidon（1998）说：“知识管理无孔不入。无论它以什么形式定义——如学习、智力资本、知识资产、智能、诀窍、洞察力或智慧——结论都是一样的：要么更好地管好它，要么衰亡。"正因为知识管理的重要性，不同学者从自己的研究领域和研究兴趣出发来探讨知识管理的含义，出现了知识管理研究百花争鸣的现象。在对相关文献进行梳理的基础上，将有关知识管理的研究分成三大学派，分别是技术学派、行为学派和战略学派，其整理结果如表 2-3 所示。

表 2-3　知识管理的学派

研究管派	代表理论
技术学派	Pettrash（1996）认为，知识管理是指将恰当的知识在恰当的时间传达给恰当的人，以便他们能做出最佳决策 乌家培教授（1998）认为，知识管理的前身是信息管理，它是信息管理经历了文献管理、计算机管理、信息资源管理和竞争性情报管理后的延伸与发展 丁蔚（2000）认为，知识管理包括两方面的含义，一方面指对信息的管理，它来源于传统的信息管理学，是信息管理的深化与发展；另一方面是对人的管理，知识不只来自于编码化信息，而且还有很重要的一部分存在于人脑中。知识管理的重要任务是挖掘这部分非编码化的知识，通过促进知识的编码化和加强人际交流的互动，使非编码化的个人知识得以充分共享，从而提高组织的竞争能力 顾敏（2001）认为，知识管理是为了解决大量知识或者大量资讯（信息）的创新、组织与扩散问题，其主要内容涉及知识创新的处理技术、知识组织的管理方法和知识扩散的路线与途径
行为学派	Frappuolo（1998）认为，知识管理就是运用集体的智慧来提高应变和创新能力 E. Maize（1998）认为知识管理是一个系统地发现、选择、组织、过滤和表述信息的过程，目的是改善雇员对特定问题的理解 Niiniluoto 等（1984）认为，知识管理是帮助人们对拥有的知识进行反思、并支持人们进行知识交流的技术和企业内部结构，能够帮助人们找到知识来源，促进他们之间进行知识的交流
战略学派	Wiig（1997）对知识管理下的定义是：一连串协助组织获取自己及他人知识的活动，通过审慎判断的过程，以完成组织任务 美国生产与质量委员会（American Productivity and Quality Center，APQC）将知识管理定义为组织采取的战略，它保证能够在最需要的时间将最需要的知识传送给最需要的人，协助其共享，并将其通过不同的方式付诸实践，最终达到提高组织业绩的目的 Beckman（1997）认为知识管理是对经验、知识以及专业技能的规划与使用，进而创造新的潜力，提升绩效，鼓励创新，增进顾客价值 Bassi（1997）认为，知识管理是指为了增强组织的绩效而创造、获取和使用知识的过程 冯俊文（2000）认为，所谓企业知识管理，就是以企业知识为基础和核心的管理，是对企业经营依赖的知识及其收集、组织、创新、扩散、使用和开发等一系列过程的管理，旨在满足企业现在和未来的需要 Tranfield 等（2003）认为，知识管理是使知识来源和知识需求相吻合，以提升竞争力的过程

技术学派把知识当作管理对象，努力构建信息技术架构，重视文件管理、知识库、数据仓库和数据挖掘等概念，强调建立企业知识管理系统，把知识管理当作信息管理的高级阶段，将知识管理等同于信息管理。

行为学派将知识管理理解成对人的管理，认为知识等于过程，是对不断改变的技能等进行一系列复杂的、动态的安排。研究者们经常卷入到对人类个体的技能或行为的评估、改变或改进的过程当中。

随着知识重要性的增加，企业将知识管理提高到战略高度，由此衍生出战略学派。战略学派强调，对于身处日益复杂的社会经济环境中的现代组织，尤其是知识型组织而言，不仅要关注知识的扩散，更要关注知识的生成。研究者们意识到，仅仅通过集中管理的计算机信息系统来编码和传播组织内的现有知识是不够的，还要像管理其他资源一样管理知识，不仅要从增进当前的知识效用出发，还要从获取未来知识的角度出发，围绕知识更新来组织企业的活动和管理。

尽管三大学派对知识管理的定义各有不同，但这三种学派都认为知识管理是一个非常复杂的过程，对企业而言也是一项重要的管理活动，这项活动不会自发地实现，需要组织主动建立各种激励机制和软性环境，为知识的采集、整合和应用等创造良好的环境。另外，随着知识管理的发展，大家开始意识到知识管理的重点在于以人为中心、以知识为基础，目的是要寻求信息处理能力与人的知识创新能力的最佳结合，在管理过程中最大限度地实现知识传播与共享，最终提高组织的创新能力和应变能力，实现组织的发展战略。伴随着知识经济的兴起和网络环境的出现，知识的吸收和创新能力成为形成和提高组织竞争力的核心要素（芮明杰和陈晓静，2006）。因此，本书比较倾向战略学派的定义，认同 Wiig（1997）的观念，即知识管理为一连串协助组织获取自己及他人知识的活动，通过审慎判断的过程，以完成组织任务。

四、开放式创新理论概述

随着互联网经济的快速发展和技术的迭代更新，企业边界越发模糊。单纯依靠内部知识流动与结构调整来实现封闭式创新的方式已难以帮助企业获得持续竞争优势。在封闭状态下，一切新产品开发必须依靠自身的研发活动，只有研发成功才能为企业带来更多的经济利益，而企业的研发活动需要大量的人财物信息等研发资源投入，且企业内部的研发活动几乎与外界没有交流。显然，封闭式创新会导致一些资源约束和能力羁绊，技术和知识等多种要素无法在企业间实现充分的交流，使得企业达不到既定的创新目标，促使创新模式推陈出新。"开放式创新"来源于 Henry Chesbrough 于 2003 年出版的著作。后来，Chesbrough（2006）进一步明确了开放式创新模式的内涵，认为它不仅能使企业按需有效利用内外部知识产生创新成果，还能促进企业开发外界环境的知识。2011 年，Chesbrough 再次对自己已有的研究进行了延伸，更加深入和细致地研究了开放式创新理论。与 Chesbrough 从资源视角阐述开放式创新一样，West 与 Gallagher 以及 Hastbacka 均认为开放式创新是为了帮助企业高效创新而打破企业边界，引进并协调获得的创新资源和要素。例如，获得技术要素、研发投资、企业联盟、合资及兼并收购等均可认为是开放式创新的形式。还有学者从认知顺序视角阐述了开放式创新。Lichtenthaler（2011）认为开放式创新是首先了解识别内外部知识，其次通过一定渠道获得，最后利用所得资源的一系列活动。West（2014）等的观点是开放式创新展现了一种企业革新、变化的认知行为。可见，开放式创新不再仅仅是追求技术、知识产权的内部应用，更强调渗透和跨界，通过跨界实现企业间的信息资源渗透，从而实现交流主体之间合作共赢的目标。开放式创新理念下的创新活动不再受制于企业边界，在企业间合作的前提下，创新主体之间通过技术转移使技术能够充分地转化，创新主体之间的信息流动使外部的知识等资源流入并运用于内部的创新活动，从而使企业得益。

第二节　创新绩效研究综述

一、创新的概念

创新的定义非常广泛，是指一个新产品或新工艺的成功应用（Cumming，1998），或是创造新想法（McAdam et al.，1998），或是创造新知识（Chahar-baghi & Newman，1996），或是提供优质或更好价值的新方法。West 和 Farr（1990）认为，创新就是个人、团队或企业有意识地引入和使用本单位当前还没有的创意、工艺、流程或产品，而且它们可能给本单位或社会带来利益；Zaltman 等（1973）和 Rogers（1983）认为创新是采用一种新想法、新实践或重大知觉改变；Damanpour（1991）将企业创新界定为新想法或行为的采用，这涉及组织活力的所有方面，比如，新产品或新服务，新的生产工艺技术，新的组织结构或管理系统，新计划或新程序；Amabile 等（1996）认为创新是在组织内部成功执行创造性的想法；李大伟（2007）认为，无论是产品或服务的生产过程和结果，还是生产技术与管理方式等，只要在个人、团队和组织等层次有更新的形式或行动，都可以称为创新。有学者将创新与发明混淆，但创新不同于发明，发明属于科学范畴，创新是一种社会过程，是对发明的具体应用。

从以上学者对创新的研究可以看出，创新的内容逐渐被拓宽，对企业而言，凡是被采纳的以前没有应用过的新事物都属于创新。基于此，本书采用李大伟（2007）对创新的定义，认为创新包含了产品创新、工艺创新和管理创新三个方面。

（1）产品创新。产品创新是指推出新产品或服务，以满足外部用户或市场需求（Damanpour，1991），或将新科技引入到生产过程中（Lukas & Ferrell，2000）。这个过程的结果是引入新产品或服务能带来明显的财政收益。创新类型能反映出组织提供的最终产品或服务的改变（Cooper，1998）。

（2）工艺创新。工艺创新是指将一个新的元素引入到组织生产或服务运作中，比如，原料、工作说明、工作机制、信息流和设备等，被用于生产产品或提供服务（Damanpour，1991）。工艺创新包括运营、经营流程再造和提供改进质量、节约成本的方法（Johne，1999）。

（3）管理创新。管理创新是指运营方法上的改变，即在组织结构、战略、工作方法、制造、财务或销售程序中的改变（Hine & Ryan，1999），这间接与组织基本工作活力相连。Hine 和 Ryan（1999）将这类创新归为非科技创新，它是一种组织内部的改变，不直接归于产品或服务或生产方法的创新，但是属于管理实践和过程创新。宝洁公司的 CEO 雷富礼（A. G. Lafley）曾指出，"我们非常努力地试图把创新变成一种战略和一个过程"。因此，管理创新更多表现在企业内部的方向、方法和过程方面创新。

二、创新绩效

创新绩效是对企业创新活动的效率和效果的评价。长期以来，创新绩效一直是管理学和经济学等领域中所关注的重要议题。在实证研究中，研究者多运用以下三类方法来测量企业的创新绩效：①对创新内容进行主观评估。Mohamed 和 Richards（1996）在其研究中，要求企业管理专家用李克特七级量表对产品和服务、产品质量、生产方式及营销战略与政府及代理商的关系等十五个方面进行评价，以确定企业的创新绩效；Subramanian 和 Nilakanta（1996）用包含创新的平均数量、创新平均所费时间及领先对手推出创新的时间三个方面内容的量表衡量创新绩效。②用新产品和专利的数量来衡量创新绩效。Hagedoom 和 Cloodt（2003）等认为创新绩效包括 R&D 投入额度、申请的专利数、引用的专利数和新产品开发的数量四项指标。③用创新成功表征创新绩效。Ritter 和 Gemünden（2003）用产品创新成功和工艺创新成功来描述创新的结果。

在本书中，创新绩效主要是企业通过跨组织获取和整合知识来实现的，由于跨组织中的知识是多方面、多维度的，因而，企业的创新绩效也应是一个范围较为宽泛的概念，因此，对企业创新绩效的研究需要立足于相对广泛的层面，旨在说明企业整体的创新效果。基于前面对创新的界定，在实证测量过程中，本书中的创新绩效是指对企业产品创新、工艺创新和管理创新三种创新活动效果的评价。

第三节　企业网络能力研究综述

一、网络能力的概念

企业网络从社会网络中演化出来，指企业与客户、供应商、合作伙伴、竞争者、政府机构、科研机构、中介机构和服务机构等交往对象之间形成的相对稳定的关系网络。根据连接途径，可以把企业网络分为正式网格和非正式网络（Granovetter，1973），正式网络是指企业与其他组织之间通过正式契约形成的关系网络；非正式网络是指企业与其他组织之间并未有正式契约，仅通过非正式契约所形成的关系网络。正式契约是指网络成员通过法律来协调和保护合作关系，非正式契约主要通过社会控制和协调机制，如声誉、社会惯例等，来协调和保护合作关系。变化的政策、经济、社会和技术要求企业不断打破现在的关系，建立新的关系。因此，企业成功地开发和管理与其他组织间各种关系的网络能力也被视为是一种核心能力，是企业获取竞争优势的重要源泉。Hakansson（1987）通过实证研究发现，不同公司在处理网络问题方面的能力存在差异，有些公司成为"高手"，有些公司成为"外行"。Adomako 等（2018）认为网络能力研究弥补了传统社会网络理论中只关注合作伙伴类型、网络关系和网络位置的缺陷，在资源基础观之上进一步结合动态能力理论，强调了对网络关系的维护、利用和发展。

Hakansson 最先提出了企业网络能力的概念，即企业改善其网络位置的能力和处理某个单个关系的能力。Ritter（1999）提出的企业网络能力概念主要关注网络管理任务绩效和通过处理关系获得的网络管理资格条件。但是，这个概念并没有得到进一步的发展（Ritter & Gemünden，2003）。Gulati（1999）认为，随着企业外部环境的变化，企业与外部组织之间的关系不断增强，这种关系直接影响着企业竞争方式的变化和竞争优势的获得，并通过对欧、美、日三个地区的新材料、汽车零配件及自动化行业的联盟经验的总结对企业的联盟能力进行了考察，他认为企业的联盟能力是一种通用能力，即企业管理一个联盟的能力可以迁移到另一个联盟中，并且不会随着时间的流逝而减损。徐金发等（2001）认为企业网络能力的本质在于通过寻求和运用网络资源来获得竞争优势，它是一种动态能力。Ritter 和 Gemünden（2003）认为网络胜任力是一个企业开发和利用交互关系的能力，这种能力可以用任务执行资格来衡量。执行网络管理任务的人员的资质条件包括专业技能和社会交际能力。其中，专业技能主要包括技术技能、经济技能、法律技能、知识和经验（主要是指对外部行为主体的了解以及相互合作交流的经验），特别是与外部合作者互动产生的经验知识，因为行为者可以凭借这些经验知识预测和评估企业未来面临的复杂网络环境，并选择合适的行为方式；社会交际技能是指一个人在社会环境中所表现出的独立、谨慎和利他行为的程度，主要包括以下几个方面：外向性、执着、情绪稳定、善于沟通、冲突管理能力和合作意识等。社会交际技能对个人在网络中进行人际沟通和关系构建较为重要。马刚（2005）基于动态能力的概念，将网络能力定义为三种能力：企业与其他行为主体建立战略关系的能力；获取、应用、分享和整合网络资源的能力；更新自身能力的能力。Walter、Auer 和 Ritter（2006）认为，网络能力是企业开发、维持和利用外部各种组织间的关系从其他组织中获取各种资源的能力，是企业拥有的高阶资源。周敏（2006）认为，网络能力是企业组织发展和其他组织之间的关系，并利用其他组织的各种资源以实现自身目标的能力，即组织内部各单元之间、组织与其他组织间的一种合作和协调能力。他认为网络能力可分为外部网络能力和内部网络能力，外部网络能力是组织与其他组织间的一种合作和协调能力，内部网络能力是组织内部各单元之间的一种合作和协调能力。邢小强和全允桓（2007）认为网络能力是企业基于内部知识和其他补充资源，通过识别网络价值与机会，塑造网络结构，开发、维持与利用各层次网络关系，以获取稀缺资源和引导网络变化的动态能力。网络能力是网络环境下企业核心能力在战略与管理层面上的拓展，是企业获取竞争优势的重要源泉。张君立（2008）认为，网络能力是企业构建、维护、管理和利用网络关系来获取各类有限资源，以赢得长远竞争优势的能力。方刚（2008）将网络能力定义为企业具有的集聚、整合和配置网络资源，并协同企业内部资源以提高企业绩效和获得竞争优势的一种能力。孙颖（2009）认为网络能力就是企业管理各种网络关系和结构，以获取网络中资源的能力。任胜钢（2010）认为，企业网络能力是企业通过识别外部网络的价值与机会，发展、维护与利用各层次网络关系，以获取信息和资源的动态能力。Mu J.等（2012）认为，网络能力是指企业利用现有企业间的关系来探索与外部主体的新关系，以实现资源配置和战略竞争优势的能力。

从现有的文献来看，学者们对网络能力的定义比较丰富，虽然没有一种定义是全面的，但这些研究经过互相补充、归纳和整合，可以将其定义为：

（1）识别网络机会的能力，即企业基于内部资源，识别外部网络的价值与机会，预测网络发展变化的能力。

（2）创造社会网络的能力，即企业根据发展的需要，利用自身积累的信誉、社会地位、组织资源和网络经验，有目的地创造社会网络的能力。

（3）协调内外关系的能力，即在快速多变和竞争激烈的外部环境中，能够发现合作机会和合适的合作伙伴，并通过内外协调建立与合作伙伴的亲密关系，从而与合作伙伴共同创造价值的能力。

二、网络能力的维度

在阅读了过去10年间有关网络能力的重要文献后，发现研究者们对网络能力的结构维度研究主要集中在以下六个方面：①网络愿景能力（Möller & Halinen，1999；徐金发等，2001；邢小强和全允桓，2006；张君立，2008；方刚，2008；李玲，2009；朱秀梅等，2010）；②网络构建能力（邢小强和全允桓，2006；张君立，2008；李玲，2009；任胜钢，2010；朱秀梅，2010）；③关系管理能力（李玲，2009；孙颖，2009；任胜钢，2010；马鸿佳等，2010）；④关系

组合能力（Möller & Halinen，1999；徐金发等，2001；任胜钢，2010）；⑤网络
管理能力（Möller & Halinen，1999；邢小强和全允恒，2006；朱秀梅，2010）；
⑥内部交流能力（Kale et al.，2002；Walter et al.，2006；马鸿佳等，2010，杨
刚等，2020）。

从对现有的文献来看，学者们对网络能力构成的认识并不完全一致：有些从
静态考虑网络能力的构成，有些则从动态进行考虑；有些认为网络能力包含战略
层次，有些认为网络能力只包含操作层面。而且，大部分学者从企业外部网络的
角度研究了网络能力，认为网络能力的管理对象只包含企业所在的外部网络的结
构和关系，但是任何企业内部都存在正式的关系网络和非正式的关系网络，内部
网络管理不当会对企业的正常运作产生重要影响。只有个别学者是基于内外网络
的综合视角来划分网络能力的，Walter 和马鸿佳提出了网络能力的内部网络研究
视角，对内部网络能力的定义主要基于市场导向的研究成果，而不是从网络结构
的运作来研究，忽视了网络节点之间的协调和配合。因此，对于怎样划分网络能
力并没有达成一致的意见；在实证研究中，有些学者将网络能力看成单一维度，
有些学者从不同维度对其进行测量，因此，对网络能力进行有效测度和实证分析
的研究比较缺乏。Love 和 Roper（2001）研究了美国、德国和爱尔兰制造业的研
究开发数据，发现企业的外部网络与创新绩效之间没有关系，而企业内部网络与
创新绩效有显著关系。Fischer 和 Varga（2002）调查了维也纳制造业的数据，得
出了同样的结论。Klein 和 Sorra（1996）认为，内部交流有助于企业充分地执行
任务，帮助内部创新。基于以上分析，本书认为网络能力应该包含有效运作内外
部网络关系的能力。

第四节　网络能力与创新的关系研究综述

Ritter（1999）以德国中型企业为调查对象，探讨了企业的网络胜任力对产

品创新和流程创新的影响，发现两者之间存在显著的正相关关系。Ritter 和 Gemünden（2003）的实证结论表明，一个企业现存的网络能力与技术能力有显著的正向关系，通过网络能力，企业可以参与到其他企业的技术开发过程中。Ritter 和 Gemünden（2004）认为，技术创新周期的缩短和技术复杂性的提升，迫使创新成本提高，解决这些问题的一个方案是企业共同创新。创新过程涉及不同类型的伙伴合作，每一个伙伴都能提供重要的资源。研究结果表明，早期和深入的合作可以减少创新流程，降低创新成本，带来更高的创新成果。Chiu 等（2006）研究了网络能力和网络地位对集群企业创新绩效的影响，通过网络分析方法和回归分析方法，验证了网络能力和网络地位对集群企业创新绩效产生的正向影响。曹鹏等（2009）以长江三角洲地区的制造业企业为调查对象，实证检验了企业的网络能力在内部资源要素和学习能力与创新绩效之间所起的中介作用。李国强等（2019）等以生物医药、电子信息等高科技行业的企业为样本，检验了网络能力与网络位置跃迁对企业双元创新的显著影响。

国内其他学者实证研究了网络能力与创新绩效之间的关系（邢小强和全允桓，2007；陈学光，2007；方刚，2008；任胜钢，2010；马鸿佳等，2010），但他们都是基于高新技术行业，并未对其他行业进行检验，其结论并不能反映所有行业；在探索过程中，有些学者将网络能力看成单一维度，有些学者使用不同维度对其进行测量；大部分的研究只是验证了网络能力对创新绩效的直接影响，少有加入中间变量和调节变量的研究，不能解释网络能力对创新的作用路径和具有相近的网络能力的部分企业仍存在创新绩效差异的现象，因此，网络能力对企业创新绩效影响的研究还相当欠缺。另外，也有学者认为企业对网络的强度控制会带来不利影响，比如，企业的网络强关系连接会使企业陷入某些关系中，从而限制观察外部环境的视野。因此，网络关系的强弱不存在固定模式，也不是一成不变的，企业应该根据自身的特点和环境因素建立不同的强弱关系，并随着环境的改变而不断进行调整，使自身在网络中处于优势地位。网络管理的文献显示，企业在管理正式协议和非正式协议的同时要建立信任关系，这种对网络关系的管理本来就很难，比如，何时需要签订合同或者怎样做到以诚信为本，在合作过程中友情或声誉应发挥什么样的作用。并非所有的企业都能去创建和管理它们的合作，以获得最大化的利益（Pammolli & Riccaboni，2002）。因此，管理好自身的网络，使其发挥出应有的效果并促进创新过程，这对任何一个企业而言都非易事。在现有的环境下，企业要取得竞争优势应该具备这种能力。

第五节　本章小结

　　本章对社会网络理论、企业能力理论和知识管理理论等相关理论进行了概述，同时，对创新绩效、网络能力及网络能力与创新绩效的关系等相关文献进行了较为详细的阐述，并阐述了以往文献的不足，为本书留出了足够的研究空间。

第三章　概念模型与理论假设

第一节　要素概念界定及维度划分

一、网络能力的概念与维度

(一) 网络能力的概念

在综合前人研究的基础上，本书认为网络能力是企业识别外部网络价值与机会，并通过建立和优化内外网络关系开发网络价值和机会的动态能力。网络能力是企业特别的资源，根植于企业，并难以转移，能够提高获取其他企业资源的效率 (Eisenhardt & Martin，2000；Makadok，2001)，它超越了对单一关系和联盟的管理。

近年来，学术界出现了与网络能力 (Anand & Khanna，2000) 相近的概念，如联盟能力 (Alliance Competence)、关系能力 (Relational Capability)。联盟能力是指管理联盟或联盟知识以保证联盟成功的能力 (Kale et al.，2002；Anand & Khanna，2000)，它建立在企业过去的联盟经验的基础之上，主要包含联盟伙伴的选择、联盟冲突的管理等；关系能力是指企业与其他企业交互作用的能力

（Kale et al., 2002），或者企业获取、发展和维持伙伴的互惠关系的能力（Phan et al., 2002），它建立在企业之间相互吸收、合作和协调的基础上。

联盟即企业独立进行外部连接，包括交换、共享和合作（Gulati, 1995），比如，合资、R&D、生产联盟和销售联盟和技术交换等。联盟本身就是一个社会关系网络，企业将合作行为嵌入到该网络之中，并随着联盟成员的进入和退出而动态变化。但是，现在联盟和合作的失败率达到70%（Park & Ungson, 2001）。蔡凤霞和陈莉平（2005）认为，以往关于战略联盟理论的研究都侧重于刚性的机制，忽略了联盟伙伴间的信任、承诺和关系等软性因素，而这些因素在决定联盟组织能否长期稳定运行中起到了不可忽视的作用。许多研究者把中国文化的关系网络等同于西方的社会网络（Batjargal & Liu, 2004），但是，这两种概念有差别。Ritter 和 Gemünden（2003）认为企业管理网络必须执行两种任务：二元关系管理任务和多元关系管理任务。

虽然，联盟能力与关系能力的概念同网络能力相似，但是，联盟能力以联盟本身为管理对象，重点关注企业之间的一种结构构造，忽略了关系因素。关系能力仅关注二元关系的协调和管理，缺乏对企业外部多元关系和网络结构的布置和控制。所以，联盟能力和关系能力都不能全面地反映网络能力的内涵，网络能力超出了二元关系和联盟的管理范畴（Lambe et al., 2002；Sivadas & Dwyer, 2000），它不仅要考虑那些与焦点企业关联的关系对焦点企业产生的直接影响，还要关注那些关系之间的相互影响对焦点企业造成的间接影响，并且网络能力还是一种包含了关系构建、管理和更新的动态过程。

（二）网络能力的理论架构

企业是通过相互的资源依赖而互相联系的，任何一家企业都要依靠客户、供应商和全体员工等，这意味着企业不可能独立控制自身所有的交易活动。因此，企业只有充分利用自身资源、努力构建网络关系，才能获得外部资源，以构建自身的优势。

Ritter 等（2002）最先将网络能力具体化和操作化，他们将网络能力划分为资质条件能力和任务执行能力。资质条件能力包含能理解客户需求的技术技能、投入和售价决定的经济技能、解决签约和违约问题的法律技能、判断网络发展的网络知识及预见网络发展的网络经验；任务执行能力包含构建一对关系的专有关系任务和管理多重关系的跨关系任务。

本书在以往关于网络能力维度划分研究的基础之上，结合 Ritter 等（2002）提出的资质条件与任务执行，将网络能力划分为四个维度，分别是网络愿景能力、网络构建能力、关系优化能力和内部协作能力。其中，网络愿景能力和内部协作能力属于资质条件，网络构建能力和关系优化能力属于任务执行能力。将网络能力的四个维度根据其性质和属性用图表示出来，如图 3 - 1 所示。外部能力是指企业与外部组织打交道，从而改善整个价值链的营运状况（罗珉和刘永俊，2009），内部能力是指企业关注内部工作的状况和效率（罗珉和刘永俊，2009）；结构是指关注网络位置、规模和演化等，关系是指关注关系的性质、规范和有效性等。

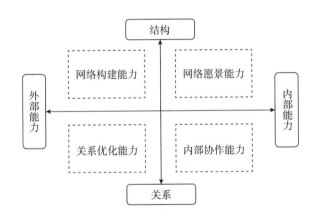

图 3 - 1 网络能力的理论构架

1. 网络愿景能力

愿景是企业希望实现的中长期战略目标和发展蓝图，有助于企业突破自己现有资源边界的束缚，完成战略目标，它随时间的推移、环境的变化和企业战略的调整而改变（黄旭，2007）。Möller 和 Halinen 从企业所处的产业环境考虑，认为网络管理能力首先包含网络愿景。随着经济的发展，网络社会已经成为企业进行价值创造活动的外部环境，企业通过各种行为嵌入其中。然而，外部环境是高度模糊和混沌的，企业必须通过与网络中的其他行为主体的互动来相互了解和认识（Dubois，1998）。所以，了解网络的结构、过程和演变对于网络管理是至关重要的。企业将面临这些问题：如何开发和识别相关网络及其中隐藏的机遇？如何评估网络演变以识别战略发展的机遇？如何分析战略群组和中心网络以应对网络竞争？当外部环境发生变化时怎样调整自身的网络？

Granovetter（1982）认为，环境不确定性的上升可能会促使企业去巩固他们的关系，因为强连接在不确定的时间里可能非常有用。而另一种观点认为，在环境不确定性上升的情况下，企业可能会追逐更有弹性和自由的处境（McGrath，1997），这将促使企业进行一系列的战略行为，寻找新的连接或新的伙伴。面对环境变化带来的风险和不确定性，企业是选择收缩网络还是扩大网络？这取决于企业的网络愿景能力。另外，为了避免网络产生的负效应，企业需要针对建立起的关系，判断其发展潜力与价值，根据判断结果进行动态调整，以维护有持续贡献的关系，终止产生负效应的关系，进行关系组合调整。这也需要网络愿景能力发挥作用。徐金发等（2001）认为网络构想能力是企业从外部网络组织系统中发现有利于自身发展的机会、资源以及规划网络关系的能力；Kale（2002）提出企业要知悉合作者的信息；Walter等（2006）提出的知悉伙伴是指企业要掌握上下游及竞争对手的相关信息；方刚（2008）提出了网络规划能力，认为它是通过调用各种网络资源，发现和利用网络中蕴含的各种战略机会的一种战略性能力；孙颖（2009）提出的网络规划能力主要表现为：企业对所处网络的整体规划、企业对外部伙伴的正确评估及企业对发展外部伙伴关系的规划等；李玲（2009）提出，网络规划能力是指把握网络演化趋势和知识发展趋势，对企业的技术缺口进行识别的能力；朱秀梅（2010）提出的网络导向是指企业构建和利用网络的意识。这些定义与网络愿景能力的概念具有内容相似性，因此，可以将这些维度归为网络愿景能力。邢小强和仝允桓（2006）认为，网络愿景能力是企业识别、判断和预测网络整体发展演化的能力；张君立（2008）认为，网络愿景能力是企业规划整体网络和预测其潜在演化方向的能力；马鸿佳等（2010）认为网络愿景能力包含两种能力，分别是企业识别网络关系的战略能力和发展网络关系的规划能力。

综合以上学者的观点，本书认为网络愿景能力是指企业通过对外部网络整体发展变化（包括变化的趋势、程度和影响）的识别、判断和预测，分析自身战略与网络资源的匹配程度，找到企业的资源或能力缺口，识别网络中的价值和隐藏的机会，从而制定网络愿景和目标的能力。

网络愿景能力作为一种重要的战略能力，有助于行为者提前评估自己的行动对网络的影响，帮助企业识别嵌入在网络中的价值机会和活动。这要求企业要积极参与到网络中，掌握行业技术发展、上下游及竞争对手的相关信息，系统地评价这些信息，准确预测网络结构与网络范围的变动程度和方向，及时调整发展战略，从而减少特定网络的锁定效应，并取得最佳效益。

2. 网络构建能力

网络关系不是自发生成的，所有关系都是管理者投入时间和资源的结果。鉴于资源的有限性，企业应该去开发一种"关系的最优配置"。这意味着传统的战略计划不是太有用，企业需要通过愿景、相关关系及柔性资源去打开网络中的机会窗口。

企业在识别网络价值后，将面临如何开发最佳的顾客/供应商、如何进入新的网络（新产品/服务领域）、如何将自身置放在优势网络的位置上等问题。网络构建能力可以帮助企业解决上述问题。客户的数量和类型被视为企业的一种资产，因为它们直接影响着企业现在和将来的销售量、知识投入、成本结构和边际利润等。

Möller 和 Halinen（1999）提出了单项关系管理能力，即企业处理单项交换关系的能力，包含分析能力和组织能力两个维度。其中，分析能力主要包括了产生客户价值、评价客户经营周期和投资特别关系等；组织能力主要包括了账户管理、顾客或供应商的特定团队和客户数据库的使用等。朱秀梅等（2010）认为，网络构建能力是指企业利用自身的关系技能选择潜在合作者、发起关系并动态调整网络关系的能力。李玲（2009）提出的网络构建能力是指企业通过辨识与筛选知识以获取渠道与知识源，从而与潜在合作伙伴建立合作关系的能力。网络构建能力的任务包含寻找最优对象（如搜索与评价）、建立有效的连接以获取交流和沟通机会及交换与获取资源（邢小强等，2006）。Ritter 和 Gemünden（2003）认为网络能力包含网络任务和资格能力两个方面，其中，网络任务是指建立关系和维护关系的活动，建立关系包含对关系的找寻、发起和交换三个方面，维护关系包含组织和协调活动。徐金发等（2001）提出的角色管理是指企业通过对内外环境的分析，确定自身在网络组织中的地位和角色，并承担相应的职能活动（计划、组织和控制等）的能力。这种定义包含了网络构建和关系管理的内容。张君立（2008）认为网络构建能力是企业选择网络主体和安排网络联系强度的能力。方刚（2008）提出的网络配置能力类似于网络构建能力，他将网络配置能力定义为寻找、评估和选择合适的网络潜在合作伙伴，并与之建立直接连接的操作性能力。

综上所述，网络构建能力就是企业在网络目标的指导下选择潜在合作者，并利用关系技能与潜在合作者建立有效关系，以使企业能在外部网络中占据优势位置的能力。关系技能体现在企业层面上，主要表现为以适当的方式主动拜访潜在合作伙伴、与潜在合作伙伴保持一定的联系和善于向潜在合作伙伴展示自身优势等；关系技能表现在个人身上就是一种社会胜任力（Baron & Markman，2003），它对于管理关系是非常重要的，因为业务关系常常发生在个人的交往环境中。个人的关系技能包含了外向性、灵活性、执着、情绪稳定、独立思考、正义感和合作性（Marshall et al.，2003）。网络构建的任务包含寻找最优对象（如搜索与评价）、建立有效连接、扩大网络规模和调整网络位置，网络构建能力的大小可反映在网络规模、网络位置和网络多样性上（张君立，2008）。

3. 关系优化能力

在动荡复杂的环境下，企业与外部伙伴建立的关系并不稳定，一旦发生变化，可能会影响整个网络结构，进而对企业获取资源产生影响，增加企业的风险和成本，给企业带来新的考验。如何维持与重要伙伴的长期合作关系？如何提升与外部伙伴的信任程度？如何有效地处理一些关系突发事件？如何从组织分析的视角管理顾客/供应商组合？针对这些问题，学者们提出了一些相似的概念，试图解决上述问题。

Möller 和 Halinen（1999）提出的关系组合管理能力是指企业管理供应商和顾客组合的能力。它包括分析能力，如建立和使用数据库的能力、评估供应商和顾客的能力；组织能力，如探求组织方案、处理交换关系的能力。有效的客户关系组合管理是开发和保持一种长期稳定的、有利的客户关系。为了确保现在和将来的现金流，企业需要在现有客户和潜在客户之间仔细分配时间和稀缺资源。徐金发等（2001）提出的关系组合能力，即将供应商、顾客和合作伙伴等网络关系组合起来，发挥协同效应，提高企业的能力。Ritter 和 Gemünden（2003）提出的维护关系任务是管理各种战略关系以及这些关系的联结，包含对关系的组织和协调。想要满足一个合作伙伴的需求，需要从网络的视角好好评估，因为满足一个伙伴的需求可能会损害了另一个合作伙伴的需求。Kale（2002）和 Walter 等（2006）提出的协作安排指的是评估网络需要、为每种关系调配资源、指派专人处理与网络伙伴的关系事务以及协同与网络伙伴的行动等。邢小强等（2006）提出的网络管理能力是指通过对整体网络的控制与协调，执行各种网络任务，以获取网络优势的能力，其任务包含引导网络变革结构与方向、获取优势网络地位和提高网络管理效率；组合管理能力是指对外部组织，如供应商、合作伙伴、竞争者、科研机构和顾客等关系组合的管理能力，其任务包含优化关系组合（连接数量、连接内容和连接强度）、优化配置关系组合内的资源及整合关系资源与能力。李玲（2009）认为关系管理能力是指通过与特定的单个知识源企业紧密合作、相互信任以有效获取知识的能力。任胜钢（2010）认为关系管理能力是指实现、优化和协调二元关系的能力，关系组合能力可以协调和有效整合多元合作关系，使焦点企业避免陷入冲突，并充分利用信息优势或位置优势。马鸿佳等（2010）认为关系管理能力是企业协调其与外部合作者之间关系的能力。

综合以上学者的观点，将关系优化能力定义为企业通过运用合作技巧协调和整合外部网络关系，以获取关系资本的能力。关系资本是指合作伙伴之间形成的相互信任、相互尊重、相互承诺的关系（Dyer & Singh，1998；Kale et al.，2000）。关系优化能力最能体现在对外沟通和协调活动中。对外沟通包括定期与合作伙伴交流、与伙伴分享价值观以及与网络伙伴共同建立合作机制等。企业之间进行产品、服务、信息和人员的交流是组织战略关系的重要内容（Bagozzi，1988）；对外协调活动主要包括解决与网络伙伴间的冲突、合理安排各项工作和协调内外部网络关系等。协调活动就是超边界活动（Adams，1980），即将企业和其他的企业连接，并将其与不同的个体连接到相互作用的网络关系之中。企业的关系优化能力会影响到企业与外部组织之间关系的质量，企业与客户建立良好的关系能够真正实现客户导向，使企业更好、更便捷地满足顾客需要，创造更多的价值；企业与供应商和分销商建立良好的合作关系，可以使企业嵌入紧密的生产网络，降低价值链上的生产成本，提高产品质量；企业与政府、同行、研究机构和社会机构等组织建立良好的关系，可以形成一种巨大的支援网络。这些都是组织创造价值的源泉。

4. 内部协作能力

哈罗德·孔茨（Harold Koontz）在 1980 年出版的《再论管理理论的丛林》中将管理理论分成 11 个管理学派，其中，包含了以切斯特·巴纳德为代表的社会协作系统学派。巴纳德提出了一种协作理论，他认为组织是一个能够使在其中的人们互通信息，并为了共同目标而自觉地做出贡献的协作系统，人们之间的相互关系是一种协作关系。Kale 等（2002）认为联盟能力包含内部沟通。内部沟通包括企业内部定期举行部门会议、员工之间的非正式交往及跨职能部门的沟通等。Walter（2006）认为，内部沟通使合作伙伴间有较好的协调，高水平协调要求企业收集各种信息或者资料，以发展更好的知识伙伴。马鸿佳等（2010）认为内部交流能力是企业内部网络成员之间相互交流、相互学习的能力。Sivadas 和 Dwyer（2000）认为，内部交流是合作技能的一部分。内部协调和合作对于企业的灵活和开放是不可缺少的（Kumar et al.，1998；Narver & Slater，1990），对于网络内的组织学习也是必不可少的。吸收和散发伙伴的最新信息和资源，并与伙伴签订协议，需要企业内部各部门的配合和协调，这样可以使企业避免多余的程序和信息传达错误，发挥伙伴之间的协同作用（Cohen & Levinthal，1990）。同时，企业必须将许多内外部关系连接起来，便于企业内外信息的流通。内部协调有助于企业充分地执行任务（Klein & Sorra，1996），帮助创新企业内部知识。企业内部各部门之间或部门内部常常因为资源分配、目标差异和环境不确定等原因产生紧张气氛或发生冲突，这些冲突可能会减少部门之间或部门内部的交流、合作和信任，导致信息流阻隔，降低对环境的反应速度和创新能力。Jaworski 和 Kohli（1993）将跨部门冲突视作组织的失调。全球化竞争使留住顾客越来越难，顾客知识越来越重要，这要求企业对顾客资料进行收集、分类、评估和跟踪等各项工作，以迅速地掌握和判断顾客需求的变化。因此，企业内部的协调合作能力非常重要，它就像润滑剂，能使内部网络各节点的连接正常运转，保证企业从外部获取的各种信息能被分享到内部各个节点，并促使内部及时交换信息、反馈问题和建议，实现内部的协同效应。

综合以上内容，可以将内部协作能力定义为企业内部网络主体之间有效沟通、互相协调和配合，以共同完成企业目标的能力，包括部门内部和部门之间的互动沟通、各部门互相合作并努力完成任务、上下级员工双向反馈及有效的内部冲突协调机制等。

二、跨组织知识管理的概念与维度

（一）跨组织知识管理的概念

从第二章关于知识管理的文献归纳来看，以往对知识管理的研究多立足于企业内部，主要是基于企业的原子模型假设，即将企业视为独立个体而非网络视角。随着企业社会网络的出现，企业的经营活动与多个组织息息相关，从单一的二元关系发展为多组织相互关联、相互依存的网络关系，相应地，企业的知识管理也从关注企业内部的知识活动发展到关注跨组织的知识活动。因此，在上述知识管理的定义中，本书将跨组织知识管理定义为企业利用自身的网络位置和网络关系，通过一连串的跨组织知识活动来协助企业有效利用组织边界内外部的知识资源，最终达到提高组织业绩的目的。跨组织知识管理是企业知识管理的终极目标，它不仅注重在企业内部实施知识管理程序，还能与外部的供应商、顾客、合作伙伴、竞争者、研究单位和中介机构等组织有效地交流知识，进而形成一个能创造价值的知识网络。

（二）跨组织知识管理的维度

知识管理活动是组织者在处理和利用知识资源的过程中完成的基本任务，也有人认为是知识管理过程，从概念上说，两者是相同的意思。知识管理活动使组织的知识资源产生利润，它是知识管理的核心和必要组成部分。Nonaka 和 Takeuchi（1995）将知识管理活动分为四个过程，分别是社会化、外在化、组合化和内在化。其中，社会化是指通过共享使隐性知识向隐性知识转化的过程；外在化是指通过对话或交流将隐性知识转化为显性知识的过程；组合化是指通过整合或传播将显性知识转化为显性知识的过程；内在化是指通过学习使显性知识向隐性知识转化的过程。

Andersen（1996）认为知识管理包括知识的识别、收集、创造、组织、分享、应用和适应。O'Dell（1996）认为知识管理包括知识的识别、收集、适应、组织、应用、分享和创造。Marquardt（1996）认为知识管理包括知识获取、知识创造、知识应用和知识存贮。Davenport（1996）认为知识管理是获取知识、编辑知识、发展知识分类方法及教导员工创新、分享及使用知识。Steier（1997）认为知识管理是发现、过滤、标准化、转移和反馈知识的过程。Wigg（1997）认为知识管理活动包括知识的获取、组织、重建结构及储存或记忆等活动。Davenport 和 Delong（1998）认为知识管理包含了四个流程，分别是知识的组织和存贮、知识转移、知识创造和知识应用。陈小让（1998）认为知识管理包括对知识的识别、获取和利用。Sarvary（1999）认为知识管理包含三个过程，即组织学习、产生知识和传播知识。Huseman 和 Goodman（1999）将知识管理分为指认并获取知识、评价知识并排列其优先顺序、分享知识和创造知识四个过程。McAdam 等（1998）提出知识管理体系可以分为四种活动：知识建构、知识内化集成、知识扩散以及知识应用。Tiwaria（2000）提出知识管理包含三种基本活动：知识获取、知识共享和知识利用。邱均平和段宇峰（2000）认为狭义的知识管理活动包括知识的获取、加工、存储、传播、创新与应用。王众托（2004）认为知识管理是识别、收集和选择、保存、传播与共享、转化与生成以及吸收和使用知识的过程。黄蕴洁和刘冬荣（2010）在综合文献的基础上，将知识管理活动分为四个过程，分别是知识获得、知识转移、知识分享和知识应用。将以上关于知识管理活动的研究整理出来，如表3-1所示。

表3-1 知识管理的活动

过程	内容
获取	识别、收集、选择、过滤、吸收
整合	组织、编辑、编码、标准化（储存）
创造	转化、重构、生成
应用	适应、使用、价值实现

综合以上关于知识管理活动的研究，发现学者们对知识管理活动的探讨主要集中在知识获取、知识整合、知识创造和知识应用四个方面。因为创新过程是一个知识转化与生成的过程（王众托，2004），而知识应用能直接为企业增加价值，因此，知识创造和知识应用可以被反映在企业的创新绩效中。所以，本书认为跨组织知识管理包括跨组织知识获取和跨组织知识整合。

1. 跨组织知识获取

Buchanan 等（1983）认为，知识获取是指从特定的知识源那里获取用以解决问题的知识和经验的过程。

Huber（1991）认为，知识获取是知识被另一个主体重新占有的过程，获取知识并不一定是创造新知识，而是获取对该企业而言的新知识。

Soo 等（2002）认为，知识获取是企业在外部和内部团体的互动过程中所获取的知识。

韦于莉（2004）认为，企业管理领域的知识获取是将未经整理的文档、数据等显性知识和储存在人脑中的隐性知识转化为可复用和可检索的知识。

Iaursen 和 Salter（2006）认为知识获取是为创新而搜索新想法和技术的方式，利用更广泛的外部主体和资源来支持并实现创新。

钱炜源（2007）从技术层面将知识获取定义为利用挖掘工具从数据中挖掘出的知识，利用全文检索技术从知识库中查询出的知识。

赵爽（2009）将知识获取定义为焦点企业在与合作伙伴的密切交往中捕获到的存在于网络中的有价值的知识，并通过收集和理解将知识纳入自身知识结构的过程。

韩珂（2015）对知识获取的定义与之类似，他认为知识存在于组织内部或外部环境中，知识获取是将这些知识转化为组织内部的知识，并将转化的知识进行整理，从而形成组织创新所需的知识的过程。

在现有研究中，从知识来源看，知识获取有广义和狭义两种解释。广义的知识获取分为外部知识获取和内部知识获取，外部知识获取是指企业通过技术购买或引进、专利许可和外聘人员等方式来获得企业外部的知识（Cohen & Levinthal，1990），内部知识获取是企业通过在研究和发展、人员培训方面进行投入来获取新知识（Tacla & Figueiredo，2006）；狭义的知识获取仅指企业对外部知识的获取。

网络环境下任何一家企业都不可能拥有应对竞争所需要的全部知识，企业需要通过外部知识获取来聚集所需的关键知识，如缄默知识、技术诀窍等。过去，学者认为企业获取外部知识的交易活动有技术引进、专利许可和并购等方式。近些年来，有学者指出信任、友谊和责任等社会关系可以帮助企业获得外部资源。学者们经过总结归纳将知识交易分为三种：第一种是显性交易，即以货币为媒介的直接的知识购买，如技术引进、专利转让等；第二种是隐性交易，即以非货币为媒介的间接的知识交换，如基于社会关系的知识交换；第三种是组合交易，即交易过程既包含了显性交易又包含了隐性交易。

鉴于以上分析，本书认为跨组织知识获取是指企业通过自身的网络位置和网络关系从网络其他组织或个体中收集和获得有价值的信息。从知识获取的需求内容来看，企业的跨组织知识获取包括三个层面的需求，首先是企业自身战略层面的知识需求，即有关企业战略发展、资源转移和战略机会识别的相关知识；其次是有关合作者的知识需求，即有关合作者背景、战略和文化等相关知识；最后是与技术、工艺和产品相关的知识需要以及建立社会关系的知识需求。跨组织的知识获取对企业有重要意义，作为一种资源，知识有存量和流量之分。知识存量是企业长期积累的知识，是企业经营生产的基础；知识流量是企业知识的流动部分，它们改善、更新或增强已有的知识。企业要获得持续的竞争优势，就必须从外部不断地获取新知识以补充知识存量的不足（Kogut & Zander，1992；Zollo & Winter，2002；Zott，2003）。

2. 跨组织知识整合

1990 年，Henderson 和 Clark 从产品开发的角度首次对知识整合的概念进行完整表述。他们认为，在利用组分知识（即产品部件的核心设计思想和思想应用方式）解决问题的过程中会产生结构知识（即把部件连接在一起形成整体所需要的知识），而这个过程就是知识整合。

Kogut 和 Zander（1992）认为，知识整合是结合现存知识以及发掘具有潜力知识的能力。

Iansiti 和 Clark（1994）认为，知识整合按照整合范围可以分为内部整合和外部整合；按照整合内容可以分为客户知识整合和技术知识整合。

Grant（1996）认为，企业原有能力的拓展和新能力的建设依赖于知识整合，专业知识本身无法创造出更高的附加价值。Grant 把知识整合理论发展成了早期的知识管理研究，他认为组织能力的实质是知识整合。

Inkpen（1996）认为，知识整合是个人与组织之间通过正式或非正式的关系，使个人知识转变成组织知识的过程。Inkpen 首次提出知识整合的过程是螺旋式上升的过程。

Volberda 等（1999）认为，知识整合是在组织内部为强化内部文化、价值的一致性，提升工作效率与系统运作所做的一切协调运作的活动。他把知识整合划分为系统化、协调和社会化三个方面，系统化侧重于将知识编码、计划等；协调强调运用培训、联系和参与等管理工具；社会化是指通过价值、制度等文化手段促进知识整合。

Zahra 等（2000）认为，知识整合是企业管理人员整理、吸收和运用从国际扩张中获得的知识。其中，整理指管理人员系统地确定拥有哪些知识，并评价这些知识的重要性；吸收指管理人员理解和转化所学的知识；运用指管理人员通过设计方法来有效地利用这些知识。

Tiwana（2002）提出，知识整合是团队将成员持有的隐性知识和显性知识合成为新的、团队层面的、有关特定项目的知识的能力。2002 年，进一步提出知识整合是使团队保持专家地位，并使新获取的外部知识促进项目完成的能力。

Alavi 和 Tiwana（2002）分析了虚拟团队中的知识整合问题，认为有四个方面的因素制约着知识整合，分别为：交互记忆的制约、成员们互相之间了解不充分、成员们不能保持和共享情景知识及组织联系纽带不灵活。

任皓和邓三鸿（2002）认为，知识整合是运用科学的方法对不同来源、不同内容、不同层次、不同结构的知识进行综合和集成，使单一知识、零散知识、新旧知识、显性知识和隐性知识经过整合形成新的知识体系。

沈群红和封凯栋（2002）认为，知识整合是组织对内部和外部不同类型的知识进行有效识别、利用和提升，并促进不同主体进行知识互动从而产生新知识的能力。

Huang 和 Newell（2003）将知识整合定义为组织通过全体成员的社会交往，对已成形的信念进行建构、系统化、再限定的集成过程。他们提出，可以从知识整合的范围、效率和灵活性三个方面来评价企业内部知识整合的能力。

赵修卫（2003）认为，知识整合是指在学习过程中进行的知识重构与综合，包括四个方面：现有知识和新知识的整合、显性知识和隐性知识的整合、个人知识和组织知识的整合以及外部知识和内部知识的整合。

陈力和鲁若愚（2003）认为，知识整合是为了适应环境的变化，组织从利益相关者的身上识别、筛选、吸收知识，然后再对知识进行个人层面的提炼和共享，并将个人知识上升为组织知识，使组织拥有能力去发展新知识的过程，这个过程使组织具有行动的一致性、执行的高效性和应变的灵敏性。

高巍等（2004）认为知识整合包含了几个方面的意思：知识整合的对象是组织既有知识，包括组织内部知识和组织外部知识；知识整合是组织知识的联结或组合；知识整合的基础是组织成员之间的充分交流和沟通；知识整合能力是企业的基本职能。

Chen 等（2011）通过对典型知识型 IT 企业的分析研究发现，知识整合是一个快速整合不同来源、不同形式和不同运营商知识，构建新的知识体系的过程，是企业在激烈的竞争市场环境下维持持续创新能力的关键因素。

Jayanth 和 Surya（2013）认为知识整合是战略和选择的过程，是企业从外界获取知识的一种行为，并且提出知识整合可以分为知识共享和知识丰富两种机制。

以往关于知识整合的研究大都集中在单个企业内部或产业宏观层面，从企业微观的视角出发探讨跨组织、跨边界的知识整合问题的研究相对较少，另外，由于企业需要整合的知识具有多重属性，因而，知识整合需要跨越多个维度边界，可以发生在组织内外的各种社会交往和互动之中。因此，知识整合不仅可以发生在企业内部，也可以跨越组织边界进行。Henderson（1994）通过对制药产业的研究发现，有两种整合能力对新药的发现有关键性作用：一是外部整合，即跨越企业边界的信息流动；二是内部整合，即企业内部跨越不同部门的信息交互。Verona（1999）强调，将外部知识与内部知识整合起来才能提高绩效。众所周知，知识被认为是企业最有价值的战略资源，不同于其他物质资源，知识资源在网络环境下具有一些特殊的属性，主要表现在以下几个方面：一是网络效应，知识可以在网络中扩散和共享，其效用随着拥有和使用的组织数量的增加而增加；二是分散性，由于知识具有情景依赖性和意会性，知识离散地分布在网络组织或个人中；三是动态性，在激烈的竞争环境中，知识不再被看作是稳定的，而是随着环境的变化随时发展和更新的。在科技飞速发展、产品生命周期逐步缩短的环境中，决定企业竞争优势的关键知识也是动态变化的，企业无法在其内部及时开发出这些不断更新的知识。陈福添（2006）认为，知识整合不仅涉及个体知识，还需要群体知识、组织知识和其他组织的知识。如果能够集合内外部的力量将企业内外部的知识整合起来，则可以及时开发新的知识。因此，本书基于内外整合的视角对企业跨组织的知识整合展开研究。

根据以往关于知识整合的研究及企业本身的需求，本书将跨组织知识整合定义为企业根据战略目标的需要，利用自身的网络位置和网络关系，对企业内部和外部网络组织中的知识资源进行组合、集成和提炼的一个动态过程。跨组织知识整合超越了单个组织边界，涉及多个组织，要比企业内部知识整合复杂，主要包括知识整合需求确定、知识整合对象选择、整合平台建立和整合冲突解决机制建立等任务。

随着竞争激烈程度的加剧，以 Grant（1996）为代表的研究者们不断强调知识整合是企业最为重要的能力，是企业竞争优势的来源，因为经过整合的知识才能指引企业在快速变动的环境中将产品与市场有效结合，从而快速开发产品以供应市场需求。企业面临着高度的模糊和不确定性（Daft & Lengel，1986），必须坚持不懈地整合和重组各种知识。创造性地快速决策对企业而言是非常关键的（Eisenhardt & Martin，2000）。Teece（1998）指出，善于整合的企业将拥有更多创新的机会，相对而言也将更具有优势。Morosini（2004）认为一个产业群代理商之间的知识整合的程度和范围，是他们经济效益背后的重要因素。有效的跨组织知识整合对公司间的成功合作有重要作用。因此，在企业间的合作项目中，探究知识整合的进程是很重要的。知识整合对企业的另一个重要的意义体现在利用和开创市场变革上。当企业发现市场变革的机会后，可以通过整合不同领域的知识对这些机会加以利用，从而革新技术，提升产品功能，完善产品性能，引领市场变革。Berends 等（2007）声称，知识管理要聚焦在知识的整合上，而非知识的迁移上。

第二节　概念模型的构建

社会网络与知识管理有密切关系，因为知识是通过网络进行传递和共享的。网络为企业提供了与外部环境中的资源进行有机联系的机会。Podolny 和 Pag（1998）认为网络能促进知识从一个企业转移到另一个企业。Aldrich 和 Zimmer（1986）认为社会网络有利于寻求信息和社会支持。Johannisson（1986）认为，企业的社会网络不仅能够直接提供稀有的资源、帮助直接解决相关的操作问题，还能够提供企业在市场中的合法地位。研究者们对社会网络与知识管理的关系做了相关研究。Nadine 和 Caroline（2005）定性分析了网络结构对知识转移的影响，认为建立在强连接基础上的稠密社会网络保证了企业间知识的快速扩散；社会资本的增加，将大大降低交易成本和不确定性，加速信息和知识等资源的流动，尤其是隐性知识的传递（顾新等，2003）。社会资本可以提高企业获取知识和吸收利用知识的效率。当组织间具有较强的社会联结、信任关系和具有相同的价值和规范时，组织间的知识传递会更有效率。Aldrich、Rosen 和 Woodward（1987）提出，网络成员间的交流频度与知识转移的绩效正相关，亲密程度越高，知识转移的意愿越强，越有利于知识转移。Burt（1992）认为，富有结构洞的网络为中介人获取非重叠信息提供了机会，中心性程度越高的成员，访问其他成员的路径越短，获取知识越容易。

社会网络为组织的跨界限活动提供了可能，为网络成员间的相互学习提供了机会（Argote et al.，2003）。创新过程是一个知识转化与生成的过程，在创新绩效的影响因素中，知识管理是一个重要的影响因素（Cohen & Levinthal，1989）。

根据以上的分析，结合以往关于网络能力与创新关系的研究，构建了"网络能力—跨组织知识管理—创新绩效"的概念模型，即企业网络能力通过跨组织知识获取和跨组织知识整合来影响创新绩效，并结合组织学习理论，将学习导向作为网络能力与跨组织知识管理关系的调节变量，如图 3 - 2 所示。

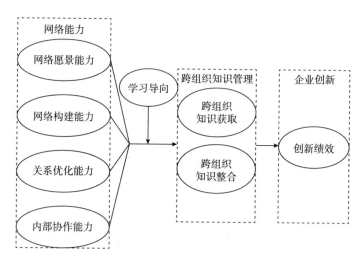

图 3 - 2　理论框架模型

第三节　研究假设的提出

一、网络能力与跨组织知识管理的关系假设

企业之间的相互关系依赖于共同的资源，这意味着企业不能抛开外部关系从事经营活动。企业通过规划、建立和管理内外部的联系来获取相关的关键信息，并通过信息加工来辨别和利用市场及竞争者的相关信息（Dyer & Nobeoka，2000）。谢卫红等（2015）的研究成果表明，企业的网络关系对企业获取成长所需的资源及实现持续发展和创新十分有利。网络能力促使一个企业能动地与其他企业、组织建立正式或非正式的网络关系，并根据战略目标构建网络位置，优化网络关系。高水平的网络能力能够获取更多可行的、以市场为导向的创新开发路

径，建立一种更好的关系营销战略（Ritter，1999；Ritter & Gemünden，2003），从而帮助吸收知识和信息。一个组织利用外部网络关系进行获取和利用知识的广度、深度和效率受内嵌于这些关系中的网络特征的影响，而网络特征往往受网络治理能力和网络管理能力的影响。

（一）网络愿景能力与跨组织知识管理的关系假设

1. 网络愿景能力与跨组织知识获取的关系

企业向外部寻求知识的过程是一种知识搜寻过程，这需要企业为之付出一定的成本（Borgatti & Cross，2003；Nebus，2006）。受有限理性的影响，面对不确定的世界，人们有时无法知道自己所需知识的来源和获取途径，需要在市场上进行搜寻和判断。知识的隐蔽性越高，就越难以搜寻，因此便产生了信息搜寻成本。Teece（1998）指出，企业对外部的感知是一种重要的功能，通过这种感知功能，企业可以收集和理解新技术、新市场和竞争对手行为等方面的信息。企业的网络愿景能力包含了这种外部感知功能，网络愿景能力越强，越能准确地监控市场的变化、客户的偏好和行为变化，便于企业从战略的角度系统地评价不同网络组织内的信息和知识，并判断不同关系的发展潜力与价值，使企业对各个关系成员的知识价值有比较清晰的认识，从而帮助企业在网络组织系统中发现有利于自身发展的资源信息和知识信息，并通过网络位置和网络关系获取为自己所用的信息，从而避免了大范围的知识搜寻过程。

网络愿景能力是网络能力在战略层次上的体现（张君立，2008），要求企业不断审视自身的战略规划与网络资源的匹配程度，并预测网络结构与网络范围的变动情况，这样能帮助企业及时发现网络资源的缺口，督促企业及时发展新的网络成员，扩大网络规模，进而扩大知识获取的来源范围。网络规模的扩大增加了关系的多样性，有助于企业对异质性信息的获取。

网络愿景能力越强的企业越具有敏锐的观察力，越容易在网络环境中发现合作机会。Zahra 和 George（2002）认为，越是擅于发现外部合作机会的企业，越能在短时间内聚集必要的资源，为获取网络中的知识准备充分的条件。网络愿景能力在企业评估网络成员信息时，能够帮助企业发现自身的问题，促使企业管理者加快从外部寻找新知识以解决问题。

基于以上网络愿景能力对跨组织知识获取影响的分析，本书提出如下理论假设：

H1a：网络愿景能力对跨组织知识获取具有显著的正向影响。

2. 网络愿景能力与跨组织知识整合的关系

网络愿景能力侧重于参与网络和网络发展的整体思考，要求企业评估现有网络伙伴的资源、能力和知识，指导企业选择网络伙伴和进入网络的方式等，便于企业找到进行知识整合的对象、机会和方式。同时，网络愿景能力通过明确企业的合作对象和合作目标，积极促使企业参与网络活动，并与网络伙伴进行密切交流，有利于企业将跨组织边界的知识整合起来。企业拥有明确的网络战略意图，能使与合作相关的内部员工明确战略意图，有利于调动他们的积极性和主动性，激发参与合作的热情（赵爽，2009），从而促使企业加深跨组织知识整合的深度。另外，企业间合作所形成的经验和进一步发展企业伙伴关系的能力，在当前网络环境中发挥着重要的作用（Gulati，1995；Kale & Singh，1999；Nand & Khanna，2000；Rothaermel & Deeds，2001），拥有规划网络发展和选择合作伙伴经验的企业，被其他企业认为具有一种高级能力，比普通企业更能吸引优秀的合作伙伴，从而获得与其他优秀企业进行知识整合的机会。

基于以上网络愿景能力对跨组织知识整合影响的分析，本书提出如下理论假设：

H1b：网络愿景能力对跨组织知识整合具有显著的正向影响。

（二）网络构建能力与跨组织知识管理的关系假设

1. 网络构建能力与跨组织知识获取的关系

网络构建能力是企业在网络愿景的指导下，利用自身的关系技能，去构建外部网络关系，并占据优势位置的能力。企业把他们自己置于一种社会网络中以缩短到他们想连接的优秀企业的路径（Burt，1992；Granovetter，1973）。网络连接通常被认为是比市场机制更有助于伙伴间的知识和信息交换（Boynton et al.，1993；Lipparini & Sobrero，1994）。企业通过网络连接不仅可以接触到有直接关系的联系人，还可以接触到与这些联系人相关的组织，其中，每个组织都是潜在的知识发送方（Yli‐Renko，2001；王三义和谢铁山，2007）。随着网络的发展，企业可以接触的知识发送方将呈几何级数增加。Burt（1992）认为，企业家应尽可能地建立网络链，以获得多样化的信息，从而发现未来的发展机会。

有些学者认为，企业寻求知识的过程是一个复杂的决策过程，往往需要付出一定的成本，但企业构建的社会关系有助于降低这种成本。其原因主要包括以下两个方面：一是在建立关系的过程中，加深了企业与其他组织的相互了解，使企业对其他组织拥有何种知识以及知识的价值等情况有比较清晰的认识，从而使企业避免了大范围的知识搜寻过程；二是鉴于相互的了解，网络伙伴会针对企业的需要，有选择性地为企业提供知识，或向企业提供具有这种知识的其他伙伴的信息（Gulati，1998；Lee et al.，2001；Uzzi，1997）。由此降低了焦点企业筛选信息的成本，使企业能够将更多的资源用于知识的整合和利用。

Greve 和 Salaff（2003）认为，企业家能够通过扩大他们的网络来从其他优秀企业中获得关键信息和资源。网络成员的增加对企业资源的获取具有正向影响（Larson & Starr，1993）。Zahra 等（2000）认为，企业接触大量不同的外部关系可以增加"干中学"的机会，这种锻炼能够帮助企业增加整合新知识的技能，进而提升企业此后的技术学习速度与深度。公司创造价值的一部分原因来自于网络合作伙伴关系的不断壮大（Dyer & Singh，1998）。Doving 和 Gooderham（2008）通过研究发现，任何企业与某一外部合作伙伴的单一联系都难以应对动态的环境。因此，企业间关系或范围的多样性可以帮助企业接触到大量不同企业的信息，从而有机会收集和筛选来自不同企业的相关信息。

企业之间的关系更多地负荷在人与人之间的私人关系上，这种私人关系体现为一种心理关系（乐国安等，2011）。根据心理距离的远近，中国人把私人关系分成三种，分别是生人关系、熟人关系和家人关系。生人关系讲利害得失，一般根据利己原则行事，互相之间缺乏信任；熟人关系讲人情，讲回报，互相之间可以建立信任；家人关系讲责任，体现的是"自己人"，相互之间完全信任。中国的企业家们在构建人际关系网络时，倾向于把"自己人"的范围不断扩大，并尽量向企业外部扩散。企业的网络构建能力越强，越容易建立新的关系，使原本的生人关系转变为熟人或家人关系，从而帮助企业占据网络的中心位置。网络中心性作为一种结构上的权力资源，是指行为主体在网络中占据的中心位置（Burt，1982）。网络的中心性能够确保低成本、较容易地获得信息，中心性的程度是用来衡量网络中一个成员独立访问其他成员的能力，中心性程度越高的成员访问其他成员的路径就越短，就越容易获取知识。当知识在网络中高速流动时，处于网络中心位置的企业将成为大量流动知识的交汇点，这意味着中心性高的企业能比中心性低的企业更快地获取新知识，并抓住由此带来的新的发展机会（李纲，2010）。Tsai（2001）认为，占据公司网络中心位置的事业部拥有更多的机会去接触其他事业部所创造的新知识，因而，有更多的创新活动和更好的业绩；另外，经常和不同的伙伴进行信息交换和共享能够获得有更多的学习机会，从而提升吸收和获取知识的能力（Argote et al.，2003）。Salman 和 Saives（2005）认为中心性能够帮助企业获取互补性知识。

基于以上网络构建能力对跨组织知识获取影响的分析，本书提出如下理论假设：

H2a：网络构建能力对跨组织知识获取具有显著的正向影响。

2. 网络构建能力与跨组织知识整合的关系

产品开发的协作过程是一个社会交往过程（Kleinsmann et al.，2010），它涉及各种跨功能、跨领域的知识整合，在现代竞争的环境下，一个复杂的研发活动需要把大量的知识整合到一个健全的产品结构中。跨组织知识整合包含多项任务，如确定整合需求、选择合适的整合对象、建立整合平台及解决整合冲突等。企业在确定整合需求后，需要选择潜在的合作对象。而网络构建能力的首要任务就是选择潜在的合作者，从而帮助企业确定跨组织知识整合的对象。接着网络构建能力帮助企业同潜在的合作者建立有效的关系。根据 Weick 和 Roberts（1993）的观点，一个行为主体在社会交往过程中首要任务是与其他行为主体建立关系，这表明行为主体间的关系不是预先确定的，而是他在这个过程中构建的。企业在构建关系的过程中，通过与其他企业的接触和交往，发现了更多知识整合的机会，提高了企业整合和利用知识的动机和能力。同时，在知识整合中存在因为主体之间在观点、意见和行为方式上的差异或因知识背景的差异性发生思想碰撞、冲突甚至对抗时，需要采取行动避免出现恶性风险。网络构建能力越强的企业其关系处理能力越强，更易通过各种管理手段和激励策略将冲突变为争辩和学习，最后实现知识共享。

日趋激烈的竞争环境驱使着越来越多的企业同客户、供应商和研发机构等建立动态、密切的关系，这样不仅解决了彼此存在的经营或技术问题，还通过合作给双方带来了巨大的商机，为企业在急剧变化的环境中生存和发展打下了基础，比如，许多制造业企业建立了供应网络，每个网络成员只专注于有效率的部分。企业处于一个与外部许多组织相互作用、相互影响的网络环境中，企业与供应商、顾客和竞争对手等外部组织间的关系从单一的二元关系发展成多组织间的相互依存、相互关联的网络关系（Gulati，1998）。网络构建能力可以帮助企业与各种组织建立有效的关系，这些组织有自己特定的活动和专注领域，能够为企业提供关于技术、需求和工艺等不同方面的知识，并帮助企业培养重组这些不同方面知识的能力。Hansen（2002）指出，当需要将从其他单位获取的知识整合到项目中时，中心企业团队和其他单位之间建立的直接联系相当有用。

网络构建能力决定了企业在网络中的实际地位，这不仅会直接影响企业的经营与创新活动，而且由于路径依赖限制的存在，还会影响企业在网络环境中的后续表现。网络构建能力通过与各种组织建立关系，使企业接近网络中心位置，中心性高的企业往往具有较高的威望，同时在网络中拥有较高的地位和权力，当企业在进行跨组织知识整合时，可以利用自身的威望、地位和权力，要求网络中的其他主体进行配合，促使他们提供优质的知识或者共同参与到新知识的创造之中（李纲，2010）。在复杂多变的环境中，企业需要异质性的知识，只有将各种异质性的知识整合起来，才能帮助企业开发新的产品。

基于以上网络构建能力对跨组织知识整合影响的分析，本书提出如下理论假设：

H2b：网络构建能力对跨组织知识整合具有显著的正向影响。

（三）关系优化能力与跨组织知识管理的关系假设

1. 关系优化能力与跨组织知识获取的关系

网络中的知识分散在不同的节点和不同的层次上，焦点企业要汇集和归纳这些知识，需要同不同的组织或个人进行沟通与交流。关系优化能力有助于提高企业与外部组织之间的关系质量，通过沟通、协调等活动将一般合作关系转变为强连接。强连接可以帮助焦点企业通过亲密的关系增加从伙伴处获得的有用的知识数量，而且有助于企业对外部的知识进行识别和评估，帮助企业提高洞察力，从而帮助企业获得隐性知识。Galaskiewicz 和 Zaheer（1999）通过研究发现，网络连接有助于加宽和加深市场知识，从而提高竞争能力。与多个合作伙伴建立牢固的网络关系可能是一个很好的网络优势（Hoang & Antoncic，2003）。Nadine 和 Caroline（2005）定性分析了网络结构对知识转移的影响，认为建立在强连接基础上的稠密社会网络保证了企业间知识的快速扩散。Powell 等（1996）发现，有长期紧密合作关系的网络伙伴更愿意牺牲个体的短期利益，以降低知识分享的风险。企业与网络伙伴之间的强关系能帮助企业搭建高质量的信息渠道，推动隐性知识和复杂知识的转移（吴晓波和韦影，2005），使企业愿意花更多的时间来解释或者倾听对方的各种想法，互相鼓励，共同开展创新活动（张文贤，2008）。

关系优化能力要求企业与网络成员建立共同的合作规则，并与网络成员保持长期的、亲密的合作关系，在出现冲突时，能站在合作伙伴的角度思考解决冲突的办法。亲近的关系给企业提供了协商和说服的机会，促使企业获得来自网络成员的各种资源（如市场信息、思想、问题解决办法、社会支持、投资机会和财政资源）（Hoang & Antoncic，2003）。Dyer 和 Singh（1998）认为组织间非正式的治理方式，比如，信任、互惠等，有助于知识共享。知识转移也是一种交换的过程，从社会关系网络的角度研究知识转移是因为网络关系可以帮助化解知识转移中的风险，促进双方的知识转移，进而影响企业的知识获取。Larson（1992）通过对创业企业的关系网络研究表明，网络中的企业在长期交往过程中建立起的互惠规范扩大了组织间的知识交换范围，使相关企业更愿意分享信息。企业不断地通过与合作者交换信息来获取其他的重要信息，产生了所谓的"信息杠杆"作用（Ahuja，2000）。同时，合作规则增加了知识提供方的信心，他们相信当他们需要时，同样会有网络成员提供帮助（Uzzi，1997）。

他人采取机会主义行为的风险不可能完全通过法律来控制，正如 Moore（1990）指出的，很多交易都是非常复杂的，以至于法律都不能涵盖所有的可能性情况。另外，威廉姆森等将合作伙伴间的不信任归结为大量交易成本产生的重要原因。知识市场建立在信用的基础上，只有在组织之间相互信任时，才会乐于共享自己的知识。由于理论来源不同，信任的定义有多种，从心理学的角度看，信任是一方对另一方具有的诚实、可靠和正直属性的信心；从经济学的角度看，信任是对一个交易伙伴依赖的意愿，及对这一交易伙伴怀有的信心（Ganesan，1994）。Sako 等（1998）将企业的信任分为三种，即契约型信任（对合作者遵守诺言并按协议行事的信任）、能力型信任（对合作者有能力完成交易的信任）和良好愿望型信任（对合作者能够承担责任的信任）。这三种信任加强了合作伙伴对联盟的信心，信任作为一种心理契约能够有效降低任何一方采取机会主义的可能，帮助维持联盟的稳定，促进联盟成员之间的合作。Levin 和 Fichman（1988）通过实证检验得出，信任能够促使知识接受方减少对知识的验证。

关系优化能力通过频繁交流、分享价值观和建立共同规则来优化企业的外部关系，从而使企业与外部网络组织建立起"自己人"的信任关系。在合作过程中，如果合作双方不存在信任，那么合作双方只能以市场交易的方式来获取有限的知识，并付出一定的监督成本。另外，知识的模糊、复杂和内隐的特性使它很难在两个毫无关系的组织之间交易和传递。为了减少合作创新中的不确定性，彼此间的信任和责任是必要的。信任是隐性知识市场的润滑剂，没有信任，隐性知识市场就不能有效运转。信任能激励好的态度和行为，是合作的关键因素（Mentzer，2006）。信任可以促进成员之间的互助合作，使节点之间的沟通更加顺畅，提升网络的凝聚力。在相互联系、相互作用的世界里，企业以信任为基础选择伙伴，如果企业拥有许多信任关系，那么它比较容易获得被选择的机会。信任可以影响伙伴的合作动机（Shepherd & Zaeharakis，2001），降低知识转移过程中组织之间的知识保护倾向，增加有价值的知识资源的投入，从而推动各个组织的知识获取行为，并积极诠释隐性知识，以便于其他成员能更好地理解和吸收这些知识（Norman，2004）。信任还可以减少企业内部、企业与外部企业之间的交易成本（Maskell，1999），比如，搜寻成本、讨价还价成本、决策成本和实施成本等，有利于获得可靠的信息，促使合作双方遵守协议，使员工共享隐性知识。如果缺乏信任，知识拥有方会对对方获取知识后出现的机会主义产生怀疑，出于自身利益的考虑，知识拥有方会加大知识的保护力度，从而使合作伙伴获得知识的可能性减小。

基于以上关系优化能力对跨组织知识获取影响的分析，本书提出如下理论假设：

H3a：关系优化能力对跨组织知识获取具有显著的正向影响。

2. 关系优化能力与跨组织知识整合的关系

由于创新的复杂性和风险，重大创新或突破性创新的难度和复杂性往往是单个企业或少数企业难以应付的，知识资源的跨组织整合非常重要，网络为企业提供了知识整合的理想形式。例如，在新材料、新能源等许多新兴技术的研发中，许多企业和研究单位建立了错综复杂的合作网络，对关键技术、测试规范和技术标准等展开了研究。

整合的重点是其两个属性：互动与合作。互动强调两个单位间的交流和应用，合作强调的是单位的集体创作。关系优化能力越强，企业获得的关系资本越多，就越容易了解网络伙伴的特点、观点和沟通方式，方便就出现的新问题、新创意集中讨论、协商，同时，对知识整合过程中出现的问题进行协调，为整合各方知识及实现新创意创造了良好的条件。格兰特（Grant，1996）指出，沟通在组织的学习与知识的整合中具有重要的作用，组织成员之间的协作和成员之间的共同学习是实现知识整合的关键。Grandori（2001）认为，知识整合需要考虑如何在最低的可接受范围内实现对各主体的专业化知识的最有效整合。知识整合惯例在稳定环境下是最合适的知识整合机制，关系优化能力促使焦点企业与合作伙伴通过频繁交往和互动沟通形成稳定的知识整合惯例，从而降低跨组织知识整合的成本。Ahuja（2000）认为，网络管理把企业与顾客、供应商和竞争对手等的网络关系看成是资源和能力的组合，通过交换和整合信息产生协同效应。

企业与合作伙伴之间的充分沟通和了解，有助于加强彼此的合作意识和合作力度，从而推动跨组织知识整合的动机和意愿。Sabherwal 等（2005）通过研究发现，知识主体的合作意愿也是影响知识整合的因素。关系优化能力会影响企业与外部组织合作的持续性。企业之间的合作时间越长，双方越容易达成一致的目标，从而降低冲突的频率和强度，增加承担的义务，提高跨组织知识整合的效率。而且，企业之间的合作时间越长，越容易了解彼此，相应地，信任感也会随之增强。Nahapiet 和 Ghoshal（1998）认为信任可以帮助改善或创造一系列与知识交流相关的必要条件，从而影响知识的交流和整合。在高度信任的关系中，人们更愿意参与社会交换与合作，更容易去尝试、犯错，也更主动去寻求指导和反馈。克罗斯等（2004）的研究显示，通过与其他人在互动间的脑力激荡、咨询或非正式的社交性会谈等，可以产生可行动的知识，有利于对知识的利用。另外，信任程度越高，联系方就越愿意共享和交换信息（Chiles & McMackin，1996）。关系优化后形成的强连接能提供必要的承诺以推动互动合作（孙国强，2003）。Tiwana（2008）认为，强连接有助于知识的整合，两者具有互补作用。企业与顾客建立的强连接可以使企业更容易获得顾客的潜在需求、未来期望和价值认知等相关信息。

当知识高度复杂且差异扩大时，企业跨组织知识整合可能需要进行知识表述和知识编码，而 Zollo 和 Winter（2002）指出知识表述和编码需要花费大量的时间、精力和资源。关系优化能力可以帮助企业与外部组织建立共享观念和共同语言。共享观念是指共同的价值观、管理方式和相同的目标以及对合作关系的相同理解。共享观念可以帮助企业与合作伙伴建立共同的知识整合目标和整合规则，共同语言有助于简化和统一知识的表述和编码，从而提高复杂和不确定环境中跨组织知识整合的效率。

基于以上关系优化能力对跨组织知识整合影响的分析，本书提出如下理论假设：

H3b：关系优化能力对跨组织知识整合具有显著的正向影响。

（四）内部协作能力与跨组织知识管理的关系假设

1. 内部协作能力与跨组织知识获取的关系

关于内部交流与沟通的研究较多地出现在市场导向的文献中，相关文献表示内部交流使企业各部门之间怀着一种开放的态度，有利于各部门之间进行信息交流与学习。知识吸收是企业获取知识的关键，企业内部各部门间一旦发生冲突，可能会阻碍部门间的信息流通，不利于知识在组织内部的扩散和组合。具有良好内部协作能力的企业可以及时、有效地化解内部冲突，打通知识在内部流通的通道。Cohen 等（1990）指出，良好的内部沟通能够帮助企业减少传递程序，有助于企业扩散与组合外部信息。Hargadon 和 Sutton（1997）通过对某设计公司的研究发现，每个负责某一行业产品设计的小组都掌握了一些与众不同的知识，这个小组很平常的想法对另一个小组而言可能是闻所未闻的新主意，他们相互间的交流会显著地提升公司推出新产品与服务的效率。企业在内部网络中的成员间建立的具有凝聚力的共同体（包括共同的目标、认知与行为规范等），不仅能减少成员间的沟通障碍，还有利于他们交流、分享经验与知识（Dyer & Nobeoka，2000），进而促进组织的学习和知识整合。

孙永风等（2008）认为，企业内部的沟通使信息在组织内部不同部门和成员间流动和共享、部门或个体对知识的需要可以被其他部门或个体了解，扩大了知识和信息的需求范围，促使与外部组织直接联系的部门集中寻求知识，提高了企业在跨组织知识获取上的效率和范围。

基于以上内部协作能力对跨组织知识获取影响的分析，本书提出如下理论假设：

H4a：内部协作能力对跨组织知识获取具有显著的正向影响。

2. 内部协作能力与跨组织知识整合的关系

产品复杂性的提升要求创新不同领域中的知识和技术，因此，公司的新产品开发团队有责任去整合那些不同的知识结构（Edmondson & Nembhard，2009）。但是，知识整合对他们来说是比较困难的，就开发一个新产品来讲，团队内部的个体们经常有不同的兴趣和观点（Moenaert et al.，2000），此外，来自不同学科的个体们常常使用不同的语言对不同的设计风格进行阐述，导致在相互解释和理解彼此的知识时存在很大的困难。Kusunoki 和 Numagami（1998）对一家日本企业的技术整合进行研究后提出了两种整合模式，即整合式和互动式，这两种模式需要在不同的职能部门之间进行。陈力和宣国良（2006）提出组织内部的跨职能知识整合面临着三重边界障碍，分别是结构边界（组织正式结构的边界）、亚文化边界（小团体边界）和知识边界（知识不同载体的边界）。所以，企业的内部协作能力在此发挥着重要作用，内部协作能力表现为部门内部经常就某些问题举行会议讨论，各部门之间经常进行沟通，互相配合共同完成组织任务，员工之间存在非正式的联系和交流，上下级之间经常进行交流和反馈，这样保证了企业内部能进行有效的协商和意见交换，共同分享他们有关产品的开发过程和内容知识，加深对彼此的共同了解，从而打破正式结构边界和知识边界的限制，使其能够整合和开发他们的知识，以完成他们更大的共同目标，即新产品的设计与开发（Kleinsmann，2006）。

　　Garud 和 Nayyar（1994）认为，组织想要强化自身能力，除了需要积极吸收外界信息外，还要有整合知识的能力，而这种能力取决于信息能否进行在组织内各部门间有效的扩散。内部协作能力使企业各部门之间沟通顺畅，提高了内部一致性，减少了冲突的发生，形成了和谐的内部关系。企业内部的交流水平对知识的吸收和转化有积极影响（Cohen & Levinthal，1990；De Boer el al.，1999）。谢洪明等（2006）通过实证研究表明内部社会资本和组织文化对知识整合有显著的积极影响。有效的内外知识整合必须克服知识的内隐性与专属性（Teece & Pisano，1994），而充分的沟通与协调是整合各种知识最有效的机制，它们能够帮助减少信息共享的障碍，并提高吸收转化能力的效率（Bosch et al.，1999）。良好的内部沟通使知识能够在企业内部有效流通，促进了知识的分布和运用，促使企业更好地重新组合知识，以适应外界环境的变化。企业内部各部门之间的和谐合作能使更多的资源在开发过程中被使用，比如，更多的人力、更大的技术工具及更多的信息和创意，这在一定程度上减弱了个别项目开发失误的负面效果。企业内部各部门之间连接越紧密，越能使各部门更好地转化和利用新的外部知识

（Zahra & George，2002）。Berends 等（2007）表明，有效性的知识整合需要彼此间相互了解、相互沟通的行为主体们的贡献。企业内部网络的沟通能建立起部门间的信任，加快与产品创新相关的信息和知识的整合（任胜钢等，2010）。同时，企业内部的相互协作也能帮助企业快速吸收组织外部的知识，提高合作效率，增强合作伙伴对焦点企业能力的信任，提升合作伙伴的知识整合动力。

基于以上内部协作能力对跨组织知识整合的分析，本书提出如下理论假设：

H4b：内部协作能力对跨组织知识整合具有显著的正向影响。

二、跨组织知识管理与创新绩效的关系假设

1. 跨组织知识获取与创新绩效的关系假设

知识基础观（Conner & Prahalad，1996；Grant，1996）认为，知识已被视为企业最重要的战略资源，如何取得维持竞争优势的知识对企业而言事关重大。企业除了在内部创造知识外，还要从外部获取知识。创新与新知识密不可分，创新过程可以看作是新知识产生和经济利益获得的过程。简兆权等（2008）认为，创新活动是一种投入知识与获得产出的过程，过程中所需要的知识可以通过企业内部的发展与累积来获得，然而，从外部获取也是企业获得知识的重要途径。另外，企业生产过程中的子系统数量较多，企业产品面对着庞大的市场群体，要想成功地开发新产品，需要多种互补性的知识，使产品自身在较为宽广的知识中融合，并针对市场变化及时对产品做出调整。Zahra 等（2000）通过研究证明，企业拥有多样化的知识能加快生产流程，缩短产品的开发周期。对创新来说，企业间的知识流动被认为是一个重要引擎。

许多学者用定性（定量）的方法直接（间接）讨论了知识获取对企业创新绩效的影响。Lane 和 Lubatkin（1998）认为，知识接收方和知识发送方组织处理相似问题的经验越多，就越容易发现这些新获取知识的商业应用。Yli - Renko 等（2001）研究了知识获取与产品开发及技术独特性的关系，发现企业的知识获取有利于新产品的开发，这是因为知识获取增加了企业可利用的相关知识的广度和深度。知识的广度能为企业引入新的思想，增加组织知识的多样性，提供开发新

产品所需的互补知识，增加创新性组合的可能，为创新的选择提供帮助，提高创新能力的同时，缩短新产品开发的周期，加快新产品开发的速度；知识的深度能够帮助企业更加深刻地理解客户的需求，进一步提升企业开发新产品的意愿。知识获取打开了新的生产机会，提高了企业开发这些机会的能力。受资源有限性和创新复杂性的影响，企业创新需要从外部获得各类知识，如技术诀窍、产品需求等。Tidd 和 Izumimoto（2002）认为，知识收集的战略能够降低技术和市场发展的成本和风险，缩短投入市场的时间，开拓规模经济。Wiklund 和 Shepherd（2003）指出，技术知识和市场知识作为资源，能够提升企业开发创新的能力。企业的信息与知识获取能极大地提高企业技术创新的绩效（张方华，2004）。Smith、Collins 和 Clark（2005）认为，企业的知识获取增加了知识存量，提高了企业创造新知识的能力，进而加快了推出新产品的速度。Christine 等（2006）通过数据验证了企业在网络内获取的外部知识与创新性问题之间的正相关关系。

这些学者们强调了市场知识的重要性，即关于市场的组织和结构化信息（Li & Calantone，1998）。随着技术和创新难度的加大、风险和环境不确定性的提高，企业越来越需要进行合作创新，使自己能专注于自己的核心活动，但同时，企业之间的交流和合作也越来越频繁，焦点企业需要与不同的资源伙伴打交道，这使关于合作伙伴的知识的重要性凸显。Walter 等（2006）将合作知识定义为关于企业上下游（供应商和客户）及竞争者的组织和结构化信息，这些信息有助于焦点企业更好地了解合作伙伴，使企业之间形成适当的交换程序和治理规则，从而减少交易控制成本，解决突发性冲突，避免双方矛盾，预防和处理伙伴间的不确定性行为，减少合作伙伴之间的不稳定性（Das & Teng，2001），促进合作创新的稳定性。

基于以上跨组织知识获取对创新绩效影响的分析，本书提出如下理论假设：

H5：跨组织知识获取对创新绩效具有显著的正向影响。

2. 跨组织知识整合与创新绩效的关系假设

知识本身并不一定产生价值，许多组织花费大量的精力和成本积累知识，但却无法把这些知识整合成有机的知识体系，从而不能将这些知识所蕴含的价值完全发挥出来，造成了知识的浪费（高巍和倪文斌，2005）。创新往往会在跨组织合作中发生，因为基于彼此不同的背景，更容易看出对方知识的不同用途，所以，会增加创新的机会。而决定机会实施的是知识整合能力，如果知识整合能力欠佳，即使合作过程中发现了创新的机会，也不能确保有创新的结果（郑景华和汤宗益，2004）。Sivadas 和 Dwyer（2000）指出，产品研发联盟常常无法达到产品创新的目的，最本质的问题就是知识整合能力不足。企业大多数的工程师不断地面对着新的问题和挑战，只有将企业内部和外部的知识集合起来，不断进行实验探索、知识整合和技术革新，才能让新产品有效开发。

随着时间的推移和科技的进步，创新节奏越来越快，难度越来越大，范围也越来越广。创新不仅仅是科技更新的结果，更是消费者需求、环境要求、经销商需求及竞争环境的要求等各种信息和知识整合的结果。例如，与人们生活息息相关的手机从20世纪40年代至90年代一直被人们视为通话的电话机，在功能和艺术风格方面一直没有很大的变化，但是，在后续的15年里，随着人们对电话消费态度的改变，这个产品在很多方面已经被改变。现在的手机不仅可以用于通话，还能发送信息、接发图片、上网及玩游戏等。这说明厂商们在产品的开发过程中结合了消费者需求、环保和技术等各方面的信息。同时，厂商们在新产品的合作开发期间需要把来自不同学科领域的不同知识进行整合（Garcia & Calantone，2002）。这是因为20世纪80年代的第一代便携式电话仅需要电子技术就可以研发出来，但是20世纪90年代的第三代便携式电话则需要物理、人类工程学、电子、机械和计算机工程学以及生理学与心理学方面的知识。然而，在今天，发展移动电话技术还需要更多不同领域的知识。Grant（1996）认为，企业将某种资源从一种用途转变成另一种用途的过程，可能需要多种不同知识的共同作用。

跨组织知识整合对协作开发新产品非常重要，相关研究表明，行为主体创造知识整合平台是能够协作开发新产品的一个重要标志。新产品项目的质量依赖于共享平台的创造过程（Dong，2005）。知识创造和创新来自于知识的重新组合（Cohen & Levinthal，1990；Kogut & Zander，1992）。企业整合伙伴所拥有的各种知识，有助于克服不确定性，降低其他人思考和使用知识的不一致性（Boland & Tenkasi，1995）。Lansiti 和 West（1997）指出，在竞争越来越激烈的产业中，企业发展产品所需的技术往往来不及自行开发，知识整合是这类产业的必然趋势，知识整合效率越高的企业，研发绩效越高，所创造的产品也越好。有效的产品和工艺的发展依赖于各种专业能力的整合（Nellore & Balachandra，2001）。Larson 等（1998）通过对医药和保健行业的研究表明，整合分散的信息、对信息再使用和知识结构格式化会引发创新活动。De Boer 等（1999）认为，知识经过整合后才能指引企业在快速变动的环境中组合产品与市场，快速而有效地开发新产品，以满足不同的市场需求。知识整合可以提升厂商善用资源的能力，协助厂商做出正确的决策，以取得竞争优势（Eisenhardt & Martin，2000）。越将不同性质的知识和信息相结合，组织越能采取更具创新性的竞争行为，越能生产出更具科技含量的产品。例如，高科技产业与传统产业合作创造了非常先进的纳米产品、通信业与汽车业合作开发出了汽车卫星导航服务等。企业之所以能够存在，是因为持续创新，而要实现创新，就必须进行知识整合。陈力和鲁若愚（2003）也认为知识整合是创造新知识的前提。Luecke（2003）认为，创新就是通过对知识的获得、结合或综合，来成就原创、有价值的新产品、新流程或新服务的活动。郑景华和汤宗益（2004）认为，知识整合为产品创新、技术创新和管理创新提供了机会。谢洪明等（2006）认为，整合不同来源、不同层次、不同结构的知识，实现知识再建构，使单一知识、零散知识和新旧知识形成新的知识体系，有助于企业把握变化中的机会，开发新的认知，并改进现有的生产过程。例如，企业如果发现了一种新兴技术的潜在价值，可以将新兴技术与自身掌握的技术进行整合，从而丰富产品的功能，完善产品的性能，甚至创造出全新的产品，给市场带来深刻的变革。简兆权等（2008）利用珠江三角洲地区 124 家高科技企业的数据，检验了知识整合对组织创新产生的正向影响。

基于以上跨组织知识整合对创新绩效影响的分析，本书提出如下理论假设：

H6：跨组织知识整合对创新绩效具有显著的正向影响。

三、学习导向在网络能力对跨组织知识管理影响中的调节作用

1. 学习导向在网络能力对跨组织知识获取影响中的调节作用

1990 年，美国麻省理工学院的彼得·圣吉博士出版了《第五项修炼——学习型组织的艺术与实务》一书，掀起了学习和创建学习型组织的热潮。Hamel（1991）认为，学习意图就是组织向外部合作者进行学习的自我决定和意愿。Sinkula（1994）提出了学习导向的概念，认为学习导向是一种直接影响组织挑战和应对有关市场陈旧程序的机制，它是组织的一种特征，能够影响企业的传承性和双环学习（Double – loop Learning）的倾向，并以此来分析企业的学习意图。James 等（1997）认为，学习导向可以定义为影响企业创造和使用知识倾向的一系列组织价值观。Jaehoon 等（2010）从组织文化层面考虑了学习导向，认为学习导向包含领导协助和战略计划制定，并通过实证检验，发现市场导向和企业家导向对学习导向具有显著的正向影响，企业规模对学习导向具有弱负向影响。Calantone 等（2002）认为，学习导向包含学习承诺、共享愿景、开放心智和组织内部知识共享四个维度。综合相关文献发现，大部分学者认为学习导向包括四个方面的内容（Day，1991；Dary，1994；Senge，1990；Senge，1992）：①学习承诺（Commitment to Learning），即组织将学习视为最重要的基本价值。②共享愿景（Shared Vision），指组织会将未来发展的愿景与员工分享（Senge，1990；Day，1991；Sinkula，1994）。③开放心智（Open – mindedness），即组织不能仅以自己熟悉的方式去思考，还要能超越常规。如果一个企业缺乏明确的学习意识，即便它能积极参与网络管理，也很难从网络中获得深层次的隐性知识，更别说通过网络合作实现知识创新（赵爽，2009）。④内部知识共享，即组织内部跨部门之间通过各种正式和非正式交流，进行知识交换和讨论，达到通过知识交流扩大知识的利用价值并产生知识效应的目的。Zahra 和 George（2002）强调了企业外部知识来源的重要性，企业可以通过采用许可证、契约购买以及组织之间的各种关系来搜寻和获取知识。然而，并不是所有的组织都具有知识搜寻的强烈愿望，知识搜寻的有效性和强度往往取决于组织的学习愿望。由于企业的时间和资

源有限，所以必须要将主要精力放在搜寻与企业生存、发展有关的知识上。一个学习型组织是非常重视对新知识的搜寻和吸收的。组织学习理论认为，缺乏学习导向是阻碍企业开展学习的重要认知障碍。学习导向影响着信息的获取、解释、评估、接受或舍弃（Argyris & Schton，1978），即收集什么样的信息、怎样去解释信息、如何评估和共享信息受学习导向的影响。从短期来看，学习导向的增长将直接影响市场信息处理（信息产生和传播）的速度和质量，这些市场信息的处理能够间接提高企业通过平台获取和利用知识的数量和质量。从长期来看，学习导向的增长提高了信息诠释的质量，加强了组织的记忆功能，通过改善所有的市场信息处理行为，间接促使组织通过外部网络关系更好地搜寻知识。

学习承诺是学习导向的一个重要方面，它对组织的文化提升有重要影响。如果一个组织没有关于学习的价值观，一知半解的事情很可能会出现（Sackmann，1991）。学习承诺是影响企业学习和知识搜寻的深层原因。人们经过努力的学习或练习后，才能深入地吸收新知识。学习承诺能够促进组织培养学习气氛，这意味着管理者高度重视组织学习，把学习看作是重要的投资，通过鼓励和支持学习来带动全体员工的学习积极性，从而使内部员工主动积极地通过外部网络平台去学习新知识。心智模式把我们的思考和行动限制在熟悉的路径上（Day，1994），过去的成功和失败促使企业形成有关市场运作的心智模式。随着时间的流逝，这些心智模式可能不再适用，但仍然存在，除非组织以开放的态度去质疑它们（Day，1994；Senge，1992；Sinkula，1994）。开放心智作为一种心智模式，它与组织遗忘（Nystrom & Starbuck，1984）紧密相连。忘记的目的是获取新的知识，而不是纯粹的丢弃（潘安成等，2010）。组织必须具有开放的心智，这样才能在环境发生变化或问题出现时对惯例、规则和程序等提出质疑，继而思考和搜寻新的应对策略。因此，开放心智能够督促企业不停地质疑现有的知识，并尽快忘记过时的旧知识，促进企业通过网络平台去搜寻和吸收新的知识。

基于以上分析，提出如下理论假设：

H7：学习导向在网络能力对跨组织知识获取影响中起到正向的调节作用。

H7a：学习导向在网络愿景能力对跨组织知识获取影响中起到正向的调节

作用。

H7b：学习导向在网络构建能力对跨组织知识获取影响中起到正向的调节作用。

H7c：学习导向在关系优化能力对跨组织知识获取影响中起到正向的调节作用。

H7d：学习导向在内部协作能力对跨组织知识获取影响中起到正向的调节作用。

2. 学习导向在网络能力对跨组织知识整合影响中的调节作用

组织成员之间的协作和成员之间的共同学习是实现知识整合的关键（Grant，1996）。网络能力能够帮助企业建立和维持各种外部关系，学习导向可以促使企业更积极、更有效地从这些关系中学到其他组织的知识整合经验和技术，并将这些新知识不断地融入企业的知识库中，提高知识整合能力。Dyer 和 Nobeoka（2000）通过对丰田汽车的深入研究，发现丰田汽车及其供应商要比竞争对手学习得更快，其原因是丰田汽车的相对学习能力较强，能迅速地积累、储存、整合和扩散产品知识。同时，Shaw 和 Perkins（1991）主张，有效的学习组织是重视反馈的，也就是说，他们一定会对行为原因和效果的解释进行评估，从而促使知识的跌宕和整合。

共享愿景不同于学习承诺和开放心智，因为它影响学习方向，而学习承诺和开放心智影响学习的强烈程度。大多学者认为共享愿景是主动学习的关键基础，因为它提供了方向——聚焦学习，可以帮助组织成员拥有学习能力、学习承诺和学习目的（Day，1994）。如果缺乏对组织方向的承诺和协定，那么就会缺乏学习动机（Senge，1990）。此外，没有共享的愿景，个人不太可能知道组织现有的期望、用什么结果衡量或者使用什么理论指导组织运营。在这种模糊的环境中，即使个人主动学习也很难知道该学什么。没有共享愿景的企业往往有多种"思维意图"（Dougherty，1989）。因为思维意图的差异，团队工作的员工对自身在企业中的作用的解释可能存在短视。基于新产品项目的合作对意见分歧特别敏感。例如，当项目参与者被问到一种新汽车交通工具的概念时，一些人从它的主要技术成分定义，另外一些人从性能定义，还有一些人从顾客对象定义，甚至有人从形象和个性定义（Clark & Fujimoto，1990）。这种分歧或矛盾的概念假设削弱了管理团队应对市场趋势或环境冲击的能力和经受考验的能力。在组织内存在一个普遍问题，就是许多创造性的想法从未执行，因为缺乏共同的方向。不同部门对知识的解释不同，不同领域对知识的理解也存在差异。共享愿景帮助协调各部门对知识的解释，鼓励跨部门交流，提高内部员工的学习积极性和合作意识，从而使企业更加主动有效地通过平台来实现跨组织知识整合，并提高其整合质量。

基于以上分析，提出如下理论假设：

H8：学习导向在网络能力对跨组织知识整合影响中起到正向的调节作用。

H8a：学习导向在网络愿景能力对跨组织知识整合影响中起到正向的调节作用。

H8b：学习导向在网络构建能力对跨组织知识整合影响中起到正向的调节作用。

H8c：学习导向在关系优化能力对跨组织知识整合影响中起到正向的调节作用。

H8d：学习导向在内部协作能力对跨组织知识整合影响中起到正向的调节作用。

第四节　本章小结

本章包括三个方面的内容：一是重新界定了网络能力和跨组织知识管理的定义和维度，将网络能力分为网络愿景能力、网络构建能力、关系优化能力和内部协作能力，并在知识管理的基础上界定了跨组织知识管理的内涵，并将跨组织知识管理分为跨组织知识获取和跨组织知识整合两个维度；二是根据相关理论和文献，提出了研究概念模型；三是根据相关理论分析，提出了研究假设，将其整理出来，如表 3 - 2 所示。

表 3 - 2　理论假设汇总

假设	假设内容
H1a	网络愿景能力对跨组织知识获取具有显著的正向影响
H1b	网络愿景能力对跨组织知识整合具有显著的正向影响
H2a	网络构建能力对跨组织知识获取具有显著的正向影响
H2b	网络构建能力对跨组织知识整合具有显著的正向影响
H3a	关系优化能力对跨组织知识获取具有显著的正向影响
H3b	关系优化能力对跨组织知识整合具有显著的正向影响
H4a	内部协作能力对跨组织知识获取具有显著的正向影响
H4b	内部协作能力对跨组织知识整合具有显著的正向影响
H5	跨组织知识获取对企业创新绩效具有显著的正向影响
H6	跨组织知识整合对企业创新绩效具有显著的正向影响
H7	学习导向在网络能力对跨组织知识获取影响中起到正向的调节作用
H7a	学习导向在网络愿景能力对跨组织知识获取影响中起到正向的调节作用
H7b	学习导向在网络构建能力对跨组织知识获取影响中起到正向的调节作用
H7c	学习导向在关系优化能力对跨组织知识获取影响中起到正向的调节作用
H7d	学习导向在内部协作能力对跨组织知识获取影响中起到正向的调节作用
H8	学习导向在网络能力对跨组织知识整合影响中起到正向的调节作用
H8a	学习导向在网络愿景能力对跨组织知识整合影响中起到正向的调节作用
H8b	学习导向在网络构建能力对跨组织知识整合影响中起到正向的调节作用
H8c	学习导向在关系优化能力对跨组织知识整合影响中起到正向的调节作用
H8d	学习导向在内部协作能力对跨组织知识整合影响中起到正向的调节作用

第四章　问卷设计与修正

　　阐明问题的第一个阶段是概念化过程，即将研究者的某种想法或创意转为研究假设（李怀祖，2004），这在第三章已经完成。阐明问题的第二个阶段是操作化过程，即将所研究的各种概念转化成现实世界中可观测的变量（李怀祖，2004）。本章运用科学的方法对前面提出的概念进行操作化处理，并通过小规模的问卷发放对量表进行预测试。

第一节　问卷设计的原则与程序

一、问卷设计的原则

　　问卷调查法是目前国内外经常采用的获取数据的方法，这种方法具有简便、灵活、真实的优点，它是实证研究的开始。为了提高问卷调查的有效性，必须遵循以下几条原则：

　　第一，合理性原则，即问卷内容必须与调查主题紧密相关，这要求在问卷设计之前找出与调查主题相关的要素，否则，再漂亮或精美的问卷都是毫无益处的。

第二，逻辑性原则，即问卷的设计要有整体感，这种整体感要求问题与问题之间要有逻辑性，问题本身不能出现逻辑上的谬误，要使问卷成为一个相对完善的小系统。

第三，顺序性原则，即在设计问卷的过程中要注意问题的排列顺序，遵循先易后难、先封闭后开放的排列顺序，使整个问卷条理清楚、科学合理，以保证问卷回答的效果。

第四，简明性原则，即问卷内容要简明、扼要，问题和整份问卷都不宜太长。

第五，规范性原则，即问卷的命题要准确，提问要清晰明确、便于回答。

二、问卷设计的程序

根据 Churchill（1979）和 Hinkin（1995）等对设计问卷和开发量表的建议，本书的问卷设计采取以下步骤，如图 4 - 1 所示。

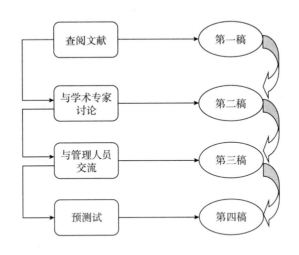

图 4 - 1 本书的问卷设计步骤

第一步，查阅大量有关企业网络能力、知识管理和创新绩效等内容的国内外相关文献，从被广泛引用的量表中摘录信度较好的指标，借鉴权威研究的理论构思，形成最初的问卷题项。

第二步，与学术专家讨论初始问卷，对部分题项进行增减和措辞修改，降低表述不清或歧义等问题出现的可能性，形成第二稿问卷。

第三步，与三位制造业企业的高层管理人员进行深入交流，对变量之间的逻辑关系和变量测度内容能否反映企业的实际情况进行讨论，经过调整后形成第三稿问卷。

第四步，对小规模的问卷进行预测试，根据反馈情况，以 SPSS 19.0 和 A-MOS 19.0 为分析工具，对测量题项进行纯化和修正，最终形成用于大规模发放的问卷。

第二节　变量测量问卷的设计

问卷采用李克特七级量表，请企业的中高层管理人员根据实际情况填写。其中，"1"表示完全不符合、"2"表示比较不符合、"3"表示有点不符合、"4"表示一般、"5"表示有点符合、"6"表示比较符合、"7"表示完全符合。

调查问卷的所有题项采取李克特七级量表进行测度，问卷填写者的回答主观意识明显，这样可能会影响问卷测度的客观性和有效性，从而导致数据结果出现偏差。针对这些情况，本书参考李正卫（2003）和许冠南（2008）等的研究，采取了以下应对措施，尽量降低其对问卷回答的负面影响：

（1）为了减少答卷者因无法回忆起准确作答所需的相关信息而引起的负面影响，本调查问卷所涉及的内容均是企业近两年的情况，尽量避免因答卷者的记忆问题所引起的结果偏差。

（2）为了减少答卷者因不能正确理解所提问题而引起的负面影响，本调查问卷在设计过程中广泛听取了学术专家和企业中高层管理者的意见，对调查问卷进行了预测试，对问卷的措辞和表述进行了反复修改和完善，尽量排除那些难以理解或表达不清的题项。

（3）为了避免答卷者不愿回答的情况，本调查问卷在卷首即向答卷者申明，本调查问卷纯粹出于学术研究目的，内容决不涉及任何商业机密，所获得的信息也不会用于任何商业目的，并承诺和保证对答卷者提供的信息予以保密。

一、网络能力的测量问卷

Ritter 和 Gemünden（2003）认为网络管理能力包括网络管理任务执行（计划、组织、配置、控制、行动、交换和协调）和网络管理资格（特别技能和社会技能），测量题项共包含 22 个，各维度的信度系数均大于 0.70。

Walter 等（2006）将网络能力分为四个维度，用 6 个题项测量"协作安排"，用 4 个题项测量"关系技能"，用 4 个题项测量"知晓伙伴知识"，用 5 个题项测量"内部交流能力"，各维度的信度系数均大于 0.70。

方刚（2008）开发了网络能力量表，包含网络规划能力、网络配置能力、网络运作能力和网络占位能力四个维度，共 24 个题项，各维度的信度系数均大于 0.80。

任胜钢（2010）借鉴 David、Anderson 等和 Bonner 等的研究，将网络能力分为网络愿景能力、网络构建能力、关系管理能力和关系组合能力，设置了 12 个题项，各维度的信度系数均大于 0.70。

马鸿佳等（2010）利用中国高科技企业的数据开发了网络能力量表，其中，网络愿景能力量表包含 5 个题项，关系管理能力量表包括 4 个题项，内部交流能力量表包括 4 个题项，共有 13 个测量题项，各维度的信度系数均大于 0.70。

朱秀梅等（2010）基于中国转型经济，将网络能力划分为网络导向、网络构建能力和网络管理能力三个维度，其中，网络导向有 6 个测量题项，网络构建能力有 10 个测量题项，网络管理能力有 16 个测量提，共有 32 个测量题项，各维度的信度系数均大于 0.70。

本书在借鉴上述测量量表的基础上，提出了网络能力的初始测量量表，如表 4-1 所示。

表4-1　网络能力的初始测量条款

变量	序号	测量题项
网络愿景能力	A1	本企业善于分析自身发展战略与网络资源的匹配程度
	A2	本企业在市场开发中能敏锐识别合作机会
	A3	企业能够判断不同网络成员关系的发展潜力与价值
	A4	本企业有清晰的网络参与目标和行动准则
网络构建能力	B1	除现有企业外，本企业经常利用各种渠道，如商会、行业协会和咨询机构等，寻求潜在合作伙伴
	B2	清楚以何种策略与潜在合作伙伴建立关系
	B3	在所有的潜在合作伙伴中，已有的合作伙伴的比例很高（1＝只有很少；4＝有一半；7＝所有）
	B4	与同行相比，拥有更多类型的合作伙伴，包括大学、研究所、行业内重要的供应商和客户等
	B5	经常成为其他合作伙伴间的沟通桥梁
关系优化能力	C1	在过去的合作中，本企业经常与合作伙伴交换思想，以实现双方利益的最大化
	C2	本企业具有很强的与合作伙伴建立共同规范和分享价值观的意愿
	C3	本企业能够妥善处理合作中的冲突问题
	C4	与主要合作伙伴都已经合作了很长时间
	C5	本企业能够从合作伙伴的角度来思考如何发展双方关系
	C6	本企业具有能够与合作伙伴建立相互信任、互惠互利关系的能力
内部协作能力	D1	在企业内，我们定期举行部门会议讨论正在进行的项目
	D2	在企业内，各部门之间经常交换信息和资源来共同努力完成任务
	D3	在企业内，员工之间经常进行非正式的联系与交流
	D4	在企业内，经理与员工之间经常进行反馈与交流
	D5	企业内部一旦发生冲突，会高度重视，并及时有效地化解
	D6	在企业内部充满着互相尊重和愉悦的交流氛围

二、跨组织知识管理的测量问卷

许多学者进行了知识获取的测量。Lyles 和 Salk（1996）用"获取新技术知识""获取新市场营销知识""获取产品开发知识""获取有关国外文化的知识""获取管理技术知识"和"获取制造工艺知识"等题项测量了企业从国外母公司获取知识的程度，信度系数达到 0.82。

Lane 等（2001）提出了知识获取的测量量表，主要包括"获取新技术知识""获取新市场知识""获取产品开发知识""获取管理技巧知识"和"获取制造流程知识"，信度系数超过了 0.7。

Norman（2004）用"通过联盟我们提高了现有的管理技能""通过联盟我们形成了新的管理技能""通过联盟我们开发了新的技术能力"和"通过联盟我们提高了现有的技术能力"这四个题项对高新技术联盟中的知识获取进行了测度，信度系数超过了 0.80。

Yli‐Renko 等（2001）提出测量知识获取的四个维度，分别是"我们能获得较多的市场知识""我们能从客户那里获得大量有关需求和流行的信息""我们能获得较多的技术知识"和"我们能通过客户关系得到大量有助于产品或服务的技术知识"，信度系数超过了 0.7。

组织间的知识整合通常涉及四种整合需求，即现有知识与新知识的整合、显性知识与隐性知识的整合、个人知识与集体知识的整合以及外部知识与内部知识的整合（Iansiti & Clark，1994）。

Tiwana（2000）对团队间的知识整合进行了测量，测量题项包括"团队成员能够清楚地将与项目有关的零散知识整合在一起""团队成员完全能将与新项目有关的知识与已知知识整合在一起""团队成员能跨越专长领域发展共享的项目概念"和"团队成员在项目层面上合成和整合他们的专长"，信度系数超过了 0.7。

Jayachandran、Hewett 和 Kaufman（2004）开发了客户知识整合的量表，包括"我们把不同部门获取的客户知识进行整合""我们把内部积累的客户知识与外部获取的客户知识进行整合""我们把从不同渠道获取的客户知识进行整合"和"我们把涉及同一客户的知识整合到一起"，信度系数超过了 0.7。

Kogut 和 Zander（1992）、林文宝（2001）以及 Teece 等（1997）将社会整合分为系统化程度、社会化程度和合作程度。系统化程度是指生产作业遵循标准化的程度，社会化程度是指将隐性知识整合成新知识的程度，合作程度是指组织内成员彼此支持将显性知识或隐性知识整合成新知识的程度。

本书结合上述测量量表，提出了跨组织知识管理的初始量表，如表 4 – 2 所示。

表 4 – 2　跨组织知识管理的初始测量条款

变量	序号	测量题项
跨组织知识获取	E1	本企业能从外部网络中获得许多有关产品设计的知识
	E2	本企业能从外部网络中获得许多有关技术开发的知识
	E3	本企业能从外部网络中获得许多有关制造工艺的知识
	E4	本企业能从外部网络中获得许多有关管理技能的知识
	E5	本企业能从外部网络中获得许多的市场知识
跨组织知识整合	F1	本企业能有效地将新获取的零散知识和原有积累的知识按类别整合到一起
	F2	本企业能有效地将从内外不同渠道获取的知识整合到一起
	F3	本企业能有效地将属于不同技术或应用领域的知识整合到一起
	F4	本企业能将不同部门、团队或个人的知识在目标任务层面上进行有效整合
	F5	本企业能有效地调整外部关系网络
	F6	本企业能根据需要把不同企业的专家汇集起来，集中解决某项问题

三、学习导向的测量问卷

Sinkula 等（1994）开发了学习导向量表，后来学者们根据自己的研究目的陆续扩展了学习导向量表。其中，Simonin（2004）提出的学习导向量表的测量题目包括"技术学习是企业参与研发联盟的主要目标之一""参与项目的企业员工有充足的技术知识""我们提供了充足的资源以保证员工学习"和"企业采用激励机制来促进员工学习"四个题项；对学习导向进行了测量，Garcia 和 Calantone（2002）分别用"管理者基本上同意组织的学习能力是取得竞争优势的关键"等四个题项测量"学习承诺"、用"我们的组织有共同的宗旨"等四个题项测量"共享愿景"、用"我们不害怕反思我们共享的关于获得顾客的假定"等四个题项测量"开放心智"、用"组织内部经常举行内部谈话以从过去的经验教训中学习"等五个题项测量"组织内部知识共享";陈学光（2007）在博士论文中对学习导向进行了测量，其量表包含了"负责对外交流的员工基本同意学习能力是改进对外交流合作过程的关键""我们的基本价值观是将学习作为改进对外交流合作过程的关键""我们的共识是：一旦我们停止学习，我们的未来就会面临危险"和"我们将员工的学习视为投资，而不是成本"；Nasution等（2010）用五个题项测量了"学习承诺"、用六个题项测量了"共享愿景"、用四个题项测量了"开放心智"。纵观以往学者们提出的学习导向测量量表，都是以 Sinkula 等（1994）开发的量表为基础的，因此，本书也借鉴了此量表，如表 4 - 3 所示。

表 4 - 3　学习导向的初始测量条款

变量	序号	测量题项
学习承诺	G1	我们认为组织的学习能力是取得竞争优势的关键
	G2	我们的基本价值观是将学习作为改进组织绩效的关键
	G3	我们相信员工的学习是一种投资，而不是成本
	G4	学习被我们认为是保障组织生存的关键
共享愿景	G5	在我们企业中，所有员工有一个共同的宗旨
	G6	在我们企业中，所有员工都对组织目标做出承诺
	G7	企业各部门对组织愿景有总的共识
	G8	我们的员工视自己为组织方向中的一个部分
开放心智	G9	我们用质疑的眼光来思考我们共享的对经营方式的假定
	G10	我们的员工认为，市场的方式必须不断地被质疑
	G11	我们经常质疑自己在解释客户信息时的偏见

四、创新绩效的测量问卷

Ritter 和 Gemünden（2003）认为创新成功包括产品创新成功和过程创新成功。产品创新成功包括：同我们的竞争对手相比，我们的产品改进和产品创新有较好的市场反应；我们的竞争对手有更多的产品创新成功（反向得分）；我们的产品是国家先进水平技术。过程创新成功包括：我们有非常现代化的生产设施（工艺流程）；我们的生产设施（工艺流程）比竞争对手先进；我们的生产设施（工艺流程）是国家先进技术。任胜钢（2010）参考了 Ritter 和 Gemünden（2003）关于创新成功的测量量表，提出了八个条款，从产品创新和流程创新两个维度衡量了创新绩效。

目前，关于创新绩效的测量尚未形成公认的指标体系，研究者们根据自己的研究需要选取指标来度量创新绩效。Griffin 和 Page（1993）开发了能够体现顾客、财务、过程、公司和计划五个方面情况的产品创新绩效量表；Gemünden 等（2004）选取新产品开发和现有产品改进两个方面来测量创新绩效；Subramanian 和 Nilakanta（1996）从创新的平均数量、创新平均所费时间和领先对手推出创新的时间三个维度衡量了创新绩效；Yli‑Renko 等（2001）从新产品开发、技术独特性和销售成本三个维度衡量了创新科技企业的创新绩效；Linda 和 Sharmistha（2002）采用专利申请数、新产品和新工艺来测量创新绩效；Hage‑doorn 和 Cloodt（2003）采用公开数据对创新绩效展开研究，研究结果表明，R&D 投入、申请的专利数、引用的专利数和新产品发布数这些以往用来测量创新绩效的指标存在统计上的重叠，他们认为仅用一项即可较好地测量高新技术企业的技术创新绩效。

从我国现实情况来看，大多数非上市公司一般不公开创新数据，而我国也未建立能收集创新绩效的数据库，因此，直接用客观数字来反映企业创新绩效的想法并不现实。加上企业的产品形式丰富、行业类型丰富，所以，企业创新的类型也应该是多样的，不能仅用一项新产品的数量或专利数来衡量。为了更好地反映企业的创新结果，本书将创新绩效划分为产品创新、工艺创新和管理创新。通过文献的查阅发现，吴晓冰（2009）提出的创新绩效量表能比较全面地反映产品创新、工艺创新和管理创新的内容，因此，本书将此量表作为创新绩效的测量量表，如表4-4所示。

表4-4 创新绩效的初始测量条款

变量	序号	测量题项
创新绩效	H1	企业能够把握自身产品在市场中的定位
	H2	与同行相比，企业能够率先提出成功的发展战略
	H3	企业具有应对全球化趋势的国际销售经验或能力
	H4	企业具有构建和管理国际营销渠道的经验或能力
	H5	企业具有应对全球化趋势的国际维修与服务的经验或能力
	H6	企业开发新产品和服务的速度较快
	H7	企业的产品开发与创新技术能力较强
	H8	企业新产品与服务的市场接受度较高
	H9	企业的工艺创新或生产流程较快
	H10	企业能够开发更有效率的工艺技术和流程
	H11	企业产品的合格率和产品质量较高
	H12	企业能够在较短时间内调整产量

第三节 变量测量问卷的修正

一、定性测试

在初始量表生成后，分别请理论界和实践界的专家针对问卷的题项内容和语言表述等内容进行专业性校验，以确保测量题项没有歧义，能被不同类型的测试者理解。理论界的专家们认为，在创新绩效的测量量表中，"企业的工艺创新或生产流程较快"与"企业能够开发更有效率的工艺技术和流程"语义重复，建议删掉其中一个。本书根据专家的意见，删掉"企业的工艺创新或生产流程较快"。实践界的专家们认为，在跨组织知识获取的测量量表中，"从外部网络中获得知识"太过于抽象，应将里面的"知识"改成"信息"，这样更容易理解。

二、预测试

为了提高问卷的可信度和有效性，本书在大规模问卷调查前采集了一些小样本进行预测试，并对问卷内容进行了修订，以形成用于大规模调查的问卷。

（一）小样本收集

小样本数据是通过向 EMBA 班级学生和成都市及温江和绵阳的企业发放并收集问卷而得的。其中，在 EMBA 班里共发放了 56 份问卷，回收了 48 份，回收率为 85.7%，剔除掉非制造类企业的问卷和无效问卷，余下 17 份有效问卷；在向企业发放问卷之前，根据从有关部门获取的企业目录，选取了制造类企业的名单，然后遵循简单随机抽样的原则选取所要调查的企业，以企业中高层管理人员为调查对象，共发放了 50 份问卷，回收了 41 份，回收率为 82%，剔除掉存在缺陷、前后矛盾等无效问卷，最后获得 34 份有效问卷。本次预测试共收集了 51 份有效问卷，其中，国有及国有控股企业 4 家，中外合资企业 2 家，股份制企业 32 家，私营企业 8 家，合伙企业 5 家。

（二）小样本数据的描述

正态分布是参数统计的前提，Kline（1998）认为当偏度绝对值小于 3、峰度绝对值小于 10 时，说明样本基本上服从正态分布[①]。偏度是指大部分数值落在平均数的哪一边，若大部分数值集中在低数值那边，称为正偏态分布（或称右偏态分布）；若大部分数值集中在高数值那边，则为负偏态分布（或称左偏态分布）。峰度用于描述分布形态的陡缓程度，通常将较为陡峭的称为高峰（Leptokurtic），较为平坦的称为低峰（Platykurtic）。将回收的有效问卷进行编码、录入，然后对各个测量题项的标准差、偏度和峰度进行测定，检验结果见附录 1。通过观察检验结果，发现问卷中各测量题项的偏度绝对值均小于 2，峰度绝对值均小于 3，这表明各测量题项的数值近似服从正态分布，可以进行统计检验。

---

① Kline R. B.. Principles and Practices of Structural Equation Modeling［M］. New York ：The Guilford Press，1998.

（三）小样本量表的检验

在统计学中用信度评价量表的稳定性或可靠性，具体用 Cronbach's α 值来进行衡量。Cronbach's α 值介于 0 到 1 之间，值越大表示量表的内在信度越高。Cronbach's α 值大于 0.9，表示因子之间的一致性很高；Cronbach's α 值大于 0.7 小于 0.9，表示因子之间的一致性较高；Cronbach's α 值小于 0.7，表示因子之间的一致性很差，量表存在很大的问题，需要重新设计（Nunnally，1978）。本书使用修正后的总相关系数 CITC（项目—总体相关系数）值和 Cronbach's α 值来净化和删除量表中的"垃圾测量条款"，当 CITC 值小于 0.5 时，通常就要删除该测量条款。

1. 网络愿景能力量表的纯化

通过 CITC 值和信度系数值来纯化量表的测量题项，结果如表 4-5 所示。本书中的网络愿景能力共有 4 个题项，CITC 值最低的是 A1 的 0.796，最高的是 A3 的 0.832，远远大于一般要求 0.5，且总信度系数值为 0.917，这说明该量表的题项符合信度要求。

表 4-5　网络愿景能力的 CITC 和信度分析

序号	初始 CITC	删除该项后的 Cronbach's α	Cronbach's α
A1	0.796	0.898	
A2	0.804	0.899	
A3	0.832	0.885	0.917
A4	0.827	0.887	

2. 网络构建能力量表的纯化

通过 CITC 值和信度系数值来纯化量表的测量题项，结果如表 4-6 所示。本书中的网络构建能力共有 5 个题项，CITC 值最低的是 B3 的 0.710，最高的是 B2 的 0.800，远远大于一般要求 0.5，且总信度系数值为 0.910，这说明该量表的题项符合信度要求。

表4-6 网络构建能力的 CITC 和信度分析

序号	初始 CITC	删除该项后的 Cronbach's α	Cronbach's α
B1	0.747	0.888	
B2	0.800	0.886	
B3	0.710	0.902	0.910
B4	0.796	0.886	
B5	0.789	0.886	

3. 关系优化能力量表的纯化

通过 CITC 值和信度系数值来纯化量表的测量题项，结果如表4-7所示。本书中的关系优化能力的初始题项共有6个，C4 的 CITC 值最低，为0.378，低于一般要求0.5，删除该项后的信度系数值达到0.908，因此，删除 C4。删除 C4后的总信度系数值为0.936，超过了基本要求，这说明纯化后的量表具有良好的信度。

表4-7 关系优化能力的 CITC 和信度分析

序号	初始 CITC	删除该项后的 Cronbach's α	最后 CITC	删除该项后的 Cronbach's α	Cronbach's α
C1	0.748	0.832	0.792	0.928	
C2	0.750	0.830	0.819	0.924	
C3	0.729	0.837	0.800	0.927	初始 = 0.868
C4	0.378	0.908	—	—	最后 = 0.936
C5	0.752	0.832	0.877	0.913	
C6	0.757	0.831	0.862	0.915	

4. 内部协作能力量表的纯化

通过 CITC 值和信度系数值来纯化量表的测量题项，结果如表4-8所示。本书中的内部协作能力的初始题项共有6个，D6 的 CITC 值最低，为0.292，低于一般要求0.5，删除该项后的信度系数值达到0.907，因此，删除 D6。删除 D6后的总信度系数值为0.934，超过了基本要求，这说明纯化后的量表具有良好的信度。

表 4 - 8　内部协作能力的 CITC 和信度分析

序号	初始 CITC	删除该项后的 Cronbach's α	最后 CITC	删除该项后的 Cronbach's α	Cronbach's α
D1	0.798	0.828	0.863	0.914	
D2	0.762	0.834	0.850	0.915	
D3	0.740	0.839	0.852	0.915	初始 = 0.872
D4	0.733	0.842	0.773	0.929	最后 = 0.934
D5	0.756	0.838	0.809	0.023	
D6	0.292	0.907	——	——	

5. 跨组织知识获取量表的纯化

通过 CITC 值和信度系数值来纯化量表的测量题项，结果如表 4 - 9 所示。本书中的跨组织知识获取的初始题项共有 5 个，CITC 值最低的是 E4 的 0.794，最高的是 E3 的 0.913，远远大于一般要求 0.5，且总信度系数值为 0.943，这说明该量表的题项符合信度要求。

表 4 - 9　跨组织知识获取的 CITC 和信度分析

序号	初始 CITC	删除该项后的 Cronbach's α	Cronbach's α
E1	0.859	0.927	
E2	0.847	0.929	
E3	0.913	0.917	0.943
E4	0.794	0.939	
E5	0.823	0.934	

6. 跨组织知识整合量表的纯化

通过 CITC 值和信度系数值来纯化量表的测量题项，结果如表 4 - 10 所示。本书中的跨组织知识整合的初始题项共有 6 个，F5 的 CITC 值最低，为 0.333，小于一般要求 0.5，删除该项后的信度系数值达到 0.925，因此，删除 F5。删除 F5 后的总信度系数值为 0.937，超过了基本要求，这说明纯化后的量表具有良好的信度。

表 4-10 跨组织知识整合的 CITC 和信度分析

序号	初始 CITC	删除该项后的 Cronbach's α	最后 CITC	删除该项后的 Cronbach's α	Cronbach's α
F1	0.800	0.864	0.861	0.917	
F2	0.836	0.859	0.852	0.920	
F3	0.739	0.874	0.814	0.927	初始 = 0.895
F4	0.832	0.859	0.829	0.924	最后 = 0.937
F5	0.333	0.925	—	—	
F6	0.785	0.868	0.831	0.927	

7. 学习导向量表的纯化

通过 CITC 值和信度系数值来纯化量表的测量题项，结果如表 4-11 所示。本书中的学习导向的初始题项共有 11 个，CITC 值最低的是 G11 的 0.739，最高的是 G3 的 0.910，远远大于一般要求 0.5，且总信度系数值达到 0.954，这说明该量表的题项符合信度要求。

表 4-11 学习导向的 CITC 和信度分析

序号	初始 CITC	删除该项后的 Cronbach's α	Cronbach's α
G1	0.855	0.947	
G2	0.785	0.950	
G3	0.910	0.945	
G4	0.779	0.950	
G5	0.765	0.951	
G6	0.776	0.951	0.954
G7	0.763	0.951	
G8	0.811	0.949	
G9	0.758	0.951	
G10	0.758	0.951	
G11	0.739	0.952	

8. 创新绩效量表的纯化

通过 CITC 值和信度系数值来纯化量表，结果如表 4-12 所示。创新绩效的初始题项共有 12 个，其中，H3、H4、H5、H12 的 CITC 值分为 0.241、0.209、0.305、0.238，均低于一般要求 0.5，删除 H3、H4、H5、H12 后的信度系数值均有明显提高，且总信度系数值达到 0.937，这说明纯化后的量表具有良好的信度。

表 4 – 12　创新绩效的 CITC 和信度分析

序号	初始 CITC	删除该项后的 Cronbach's α	最后 CITC	删除该项后的 Cronbach's α	Cronbach's α
H1	0.750	0.827	0.794	0.927	
H2	0.713	0.833	0.758	0.931	
H3	0.241	0.861	—	—	
H4	0.209	0.860	—	—	
H5	0.305	0.857	—	—	初始 = 0.859
H6	0.694	0.830	0.775	0.929	最后 = 0.937
H7	0.674	0.831	0.815	0.925	
H8	0.720	0.828	0.779	0.928	
H10	0.786	0.822	0.852	0.921	
H11	0.759	0.825	0.803	0.926	
H12	0.238	0.863	—	—	

（四）探索性因子分析

探索性因子分析是确认量表因素结构或者一组变量的模型，需要解决变量能形成多少个因素或构念以及因素负荷量的组型如何的问题。因子分析的基本原理是根据相关性强弱将测量指标进行分组，使同组指标之间的相关性较强，不同组指标之间的相关性较弱，每组测量指标代表一个基本结构，这个结构就用公共因子来解释。探索性因子分析可以事先决定因素的个数，但强制某个变量归于某一特定因素则非常困难。在编制量表或问卷时，都会先进行探索性因素分析，以求得到最佳的因素结构。

根据小样本检验可知，本书中的网络能力初始量表和跨组织知识管理初始量表在纯化阶段有题项不符合信度要求，参考前文的检验将题项 C4、D6、F5、

H3、H4、H5 和 H12 删除，删除后，分别对网络能力和跨组织知识管理量表进行探索性因子分析。在进行探索性因子分析之前，首先要对样本进行 KMO 检验和 Bartlett's 球状检验，以判断其是否可以进行因子分析。KMO 检验是比较原始变量之间的相关系数与偏相关系数的相对大小，其统计值在 0 到 1 之间。KMO 值越接近 1，表示变数间的相关性越强，变量间的共同因子越多，原始变量越适合做探索性因子分析；KMO 值越接近 0，表示变数间的相关性越弱，变量间的共同因子越少，原始变量越不适合做探索性因子分析。Bartlett's 球状检验用于检验变量之间的相关矩阵是否为单位矩阵，若 Bartlett's 的卡方值较大，且对应的概率值小于给定的显著水平，则表明变量之间的相关系数矩阵与单位矩阵有显著差异，原有变量适合做因子分析。网络能力量表和跨组织知识管理量表的 KMO 检验和 Bartlett's 球状检验结果如表 4 - 13 和表 4 - 14 所示。

表 4 - 13　网络能力量表的 KMO 检验和 Bartlett's 检验

KMO 抽样适切性度量		0.871
巴特利球形检验	近似卡方	889.898
	自由度	171
	显著性	0.000

表 4 - 14　跨组织知识管理量表的 KMO 检验和 Bartlett's 检验

KMO 抽样适切性度量		0.889
巴特利球形检验	近似卡方	502.663
	自由度	45
	显著性	0.000

Kaiser（1970）认为，KMO 值大于 0.8 表示适合做因子分析。从表 4 - 13 和表 4 - 14 可知，网络能力量表的 KMO 值为 0.871，大于最低要求 0.6；跨组织知识管理量表的 KMO 值为 0.889，大于最低要求 0.6。网络能力量表的 Bartlett's 球状检验的卡方值为 889.898，自由度为 171，相应的概率 P 值小于给定的显著

水平 0.001，应拒绝零假设；跨组织知识管理量表的 Bartlett's 球状检验的卡方值为 502.663，自由度为 45，相应的概率 P 值小于给定的显著水平 0.001，应拒绝零假设。因此，原有变量可以进行下一步的因子分析。

本书利用主成分分析法，采用正交旋转观察各特征根的值，运用 Kaiser 差分算法，即将特征值≥1 作为确定因子数目的标准，选取特征值大于 1 的特征根，从而得到不同项目的因子载荷，网络能力量表和跨组织知识管理量表的探索性因子分析结果如表 4-15 和表 4-16 所示。

表 4-15　网络能力量表的探索性因子分析

项目	成分			
	1	2	3	4
A1	0.276	0.414	0.258	0.669
A2	0.254	0.247	0.111	0.816
A3	0.247	0.169	0.178	0.873
A4	0.299	0.352	0.265	0.707
B1	0.166	0.787	0.125	0.313
B2	0.116	0.764	0.223	0.368
B3	0.346	0.783	0.079	0.120
B4	0.188	0.702	0.409	0.268
B5	0.185	0.730	0.398	0.172
C1	0.774	0.103	0.359	0.195
C2	0.705	0.362	0.268	0.289
C3	0.740	0.256	0.248	0.259
C4	0.778	0.241	0.362	0.260
C5	0.827	0.177	0.218	0.309
D1	0.350	0.266	0.777	0.226
D2	0.220	0.155	0.847	0.318
D3	0.333	0.165	0.761	0.377
D4	0.390	0.381	0.687	0.045
D5	0.457	0.433	0.644	0.061
特征根 λ 值	4.096	3.978	3.807	3.376
方差解释率（%）	24.558	23.938	22.093	19.770

从表 4－15 可以看出，网络能力量表通过方差最大法旋转后有 4 个特征值大于 1 的因子，分别对应 4 个变量，这 4 个变量共解释了方差变异的 80.306%，满足了 Weiss（1970）提出的解释方差的累积比例需大于 50% 的条件。马庆国（2002）认为，在进行探索性因子分析时，各测量题项的因子载荷的最低可接受值为 0.5。由表 4－15 可知，4 个因子的测量项目在其对应的因子上相对于其他因子而言都有较大的因子载荷，且都大于 0.5，这表明所检测的网络能力量表具有较好的区分效度。从表 4－15 看出，测量题项 A1、A2、A3 和 A4 聚集于因子 4，B1、B2、B3 和 B4 和 B5 聚集于因子 2，C1、C2、C3、C4 和 C5 聚集于因子 1，D1、D2、D3、D4 和 D5 聚集于因子 3。

表 4－16 跨组织知识管理量表的探索性因子分析

项目	成分	
	1	2
E1	0.860	0.304
E2	0.844	0.316
E3	0.860	0.386
E4	0.780	0.385
E5	0.811	0.367
F1	0.531	0.750
F2	0.478	0.771
F3	0.294	0.841
F4	0.323	0.836
F5	0.296	0.855
特征根 λ 值	4.245	3.920
方差解释率（%）	45.451	43.200

从表 4－16 可以看出，跨组织知识管理量表通过方差最大法旋转后有 2 个特征值大于 1 的因子，分别对应 2 个变量，这 2 个变量共解释了方差变异的

87.651%，满足了 Weiss（1970）提出的解释方差的累积比例需大于 50% 的条件，具体结果见表 4 - 16。由表 4 - 16 可知，2 个因子的测量项目在其对应的因子上相对于其他因子而言都有较大的因子载荷，且都大于 0.5，这表明所检测的跨组织知识管理量表具有较好的区分效度。从表 4 - 16 看出，测量题项 E1、E2、E3、E4 和 E5 聚集于因子 1，F1、F2、F3、F4 和 F5 聚集于因子 2。

第四节　共同方法偏差检验

共同方法偏差（Common Method Biases，CMB）是指由同样的评分者或数据来源、同样的测量环境、同样的项目语境和项目自身特征所造成的预测变量与效标变量之间的人为的共变。CMB 是测量误差的主要来源之一，它能对研究结果产生严重的混淆，甚至造成误导（Podsakoff，2003）。近年来，有人对控制 CMB 或未控制 CMB 这两种情况下的测评变量之间的相关程度进行了比较分析，从平均程度来看，存在 CMB 时，变异系数达到 35%，而控制 CMB 后，变异系数下降到了 11%，这表明 CMB 对预测变量与结果变量关系的影响是比较显著的。共同方法偏差的控制方法有 Harman 单因素检验、潜在误差变量控制、偏相关法、多质多法模型、相关独特性模型和直接乘积模型（周浩和龙立荣，2004）。Harman 单因素检验因为具有简单易用的优点，所以被广泛应用于检验共同方法偏差。

由于本书的数据收集采用量表形式，每份问卷由一人完整回答，有可能会产生共同方法偏差，因此，采用 Harman 单因素检验方法对回收问卷进行检验。按照 Harman 单因素检验方法的基本假设，如果量表中的题项聚集在一个因子上，则该模型就是单因素模型。本书涉及的自变量、中介变量和结果变量共七个，所以为七因素模型。本书采用因子分析方法对单因素模型和七因素模型进行比较，比较结果如表 4 - 17 所示。

χ^2/df 是卡方自由度比值，代表假设模型的协方差矩阵与观察数据的适配程度，χ^2/df 值愈小，模型的适配度愈好。χ^2/df 值小于 1，表示模型过度适配；χ^2/df 值大于 1 小于 3，表示模型适配较好；χ^2/df 值大于 3，表示模型适配度不佳（Carmines & Mclver，1981）。GFI 是用来显示观察矩阵中的方差与协方差可被复制矩阵预测得到的量（吴明隆，2009），是一种相对拟合指数，GFI 值越大，表示理论建构矩阵与样本数据的观察矩阵的契合度越高。一般认为，GFI 值大于 0.90，表示模型路径图与实际数据有较好的适配度。AGFI 为调整后的适配度指数，AGFI 值越接近 1，表示模型的适配度越好。IFI、NFI 和 CFI 的值介于 0 到 1 之间，值越接近 1，表示模型的适配度越好，一般而言，IFI、NFI 和 CFI 的判断标准为 0.90。RMSEA 为近似误差均方根，是较好的绝对拟合指标。RMSEA 值大于 0.1，表示模型的适配度欠佳；RMSEA 值在 0.05 与 0.08 之间，表示模型尚可；RMSEA 值小于 0.05，表示模型适配度非常好（Mcdonald & Ho，2002）。

从表 4 - 17 可以看出，单因素模型中的 χ^2/df 值为 4.223，大于 3，表明该模型适配度不佳；GFI、AGFI、IFI、NFI 和 CFI 的值均未达到 0.90，RMSEA 值高于 0.10，这说明模型的适配度欠佳。七因素模型检验结果中的 χ^2/df 值为 1.27，介于 1 到 2 之间，表示该模型与样本数据的契合度较好；GFI、AGFI、IFI、NFI 和 CFI 的值均比单因素模型的检验值提高了许多，且都超过了 0.90；RMSEA 值为 0.031，小于 0.05。从以上各指标值的对比中可以看出，七因素模型比单因素模型的拟合效果好，这也验证了本书的样本数据不存在共同方法偏差，以此样本为依据进行的各变量之间的关系检验是可信的。

表 4 - 17　共同方法偏差的检验结果

模型	χ^2/df	GFI	AGFI	RMSEA	IFI	NFI	CFI
单因素模型	4.223	0.589	0.540	0.106	0.678	0.617	0.676
七因素模型	1.270	0.941	0.924	0.031	0.985	0.933	0.985

第五节　本章小结

　　本章首先说明了调查问卷设计的原则与程序；接着介绍了网络能力、跨组织知识管理、企业创新绩效和学习导向测量题项的产生过程；然后分别与学术界专家和实践管理者进行了沟通和讨论，将部分表述不清和语义重复的语句进行了修正和删除；最后通过预测试进行了 CITC 和信度检验、KMO 检验、Bartlett's 球形检验、探索性因子分析及共同方法偏差检验，对问卷的有效性和可靠性进行了检验和调整，并形成了用于大规模调查的最终问卷。

第五章 研究假设检验

第一节 数据收集与描述

一、数据收集

本书主要针对企业层面，由于涉及的网络能力、跨组织知识管理等数据无法从公开资料中直接获得，因此，采用调查问卷的方式进行数据收集。本书以中国国情下的制造业企业为调研对象，为了保证调研能顺利进行，提高了问卷的回收率和有效性，选择了具有一定社会关系的地区，经过筛选，最终确定的调研地区为四川、重庆、湖北、湖南、广东、广西和福建。本次调研通过电子邮件、邮寄或实地发放问卷的方式进行，共有问卷 350 份，回收了 270 份，回收率为 77.2%，剔除有残缺项、前后差距太大和同一题项重复评分的无效问卷，得到有效问卷 216 份。

对于结构方程模型（Structural Equation Modeling，SEM）的最佳样本数量这一问题，不同学者有不同的观点。Lomax（1989）认为，样本数量如果没达到 200，至少也应该有 100。Mueller（1997）认为，样本容量至少在 100 以上。Kling（1998）认为，研究变量的分布如果符合正态或椭圆情形，则每个观察变量只需 5 个样本就够了；但若是其他分布，则每个观察变量需要 10 个以上样本（黄芳铭，2005）。一般认为，200 个以上的样本才可以称得上是一个中型样本，但是，Tabachnick 和 Fidell（2007）认为，较新的统计检验方法允许样本少于 60 个。总之，大多数情况下模型检验需要 100 到 200 个样本。本书的样本量符合中型样本要求。

二、样本描述

1. 地区分布

本次调研获得的有效问卷 216 份，涉及七个地区，具体分布情况为：四川 66 份，占总数的 30.56%；重庆 12 份，占总数的 5.56%；湖北 26 份，占总数的 12.04%；湖南 31 份，占总数的 14.35%；广东 38 份，占总数的 17.59%；广西 35 份，占总数的 16.20%；福建 8 份，占总数的 3.70%。分布情况如表 5 – 1 所示。

表 5 – 1　样本企业的地区分布

地区	样本数（份）	比例（%）
四川	66	30.56
重庆	12	5.56
湖北	26	12.04
湖南	31	14.35
广东	38	17.59
广西	35	16.20
福建	8	3.70
合计	216	100

2. 企业基本信息

将样本企业分别按成立时间、人员数量和资产规模进行分类，分类情况如表 5 – 2 所示。从成立时间来看，不超过 3 年的企业共有 14 家，占总数的 6.48%；成立时间在 4 ~ 6 年的企业有 56 家，占总数的 25.93%；成立时间在 7 ~ 10 年的企业有 65 家，占总数的 30.09%；成立时间在 11 ~ 20 年的企业有 63 家，占总数的 29.17%；成立时间在 20 年以上的企业有 18 家，占总数的 8.33%。

表 5-2　样本企业基本信息

成立时间	比例（%）	人员数量（人）	比例（%）	资产规模（元）	比例（%）
3 年及以下	6.48	300 以下	7.87	500 万及以下	2.78
4~6 年	25.93	301~1000	78.24	大于 500 万小于等于 5000 万	49.53
7~10 年	30.09	1001~2000	8.80	大于 5000 万小于等于 1 亿	29.17
11~20 年	29.17	2001~5000	3.24	大于 1 亿小于等于 3 亿	13.43
20 年以上	8.33	5000 以上	1.85	3 亿以上	5.09

从人员数量来看，人数在 300 人以下的企业有 17 家，占总数的 7.87%；人数在 301~1000 人的企业有 169 家，占总数的 78.24%；人数在 1001~2000 人的企业有 19 家，占总数的 8.80%；人数在 2001~5000 人的企业有 7 家，占总数的 3.24%；人数在 5000 人以上的企业有 4 家，占总数的 1.85%。

从资产规模来看，资产在 500 万元及以下的企业有 6 家，占总数的 2.78%；资产大于 500 万元小于等于 5000 万元的企业有 107 家，占总数的 49.53%；资产大于 5000 万元小于等于 1 亿元的企业有 63 家，占总数的 29.17%；资产大于 1 亿元小于等于 3 亿元的企业有 29 家，占总数的 13.43%；资产在 3 亿元以上的企业有 11 家，占总数的 5.09%。

3. 企业所属行业

将样本企业按照所属行业进行分类，分类情况如表 5-3 所示。其中，食品、饮料制造业企业 28 家，占总数的 12.96%；家具制造业企业 10 家，占总数的 4.63%；纺织、服装类企业 35 家，占总数的 16.20%；文教体育用品企业 5 家，占总数的 2.31%；造纸及印刷业企业 17 家，占总数的 7.88%；医药制造业企业 14 家，占总数的 6.48%；化学纤维制造业企业 9 家，占总数的 4.17%；化学原料及化学制品企业 6 家，占总数的 2.78%；金属制造业企业 5 家，占总数的

2.31%；电子、电气制造业 23 家，占总数的 10.66%；设备制造业企业 48 家，占总数的 22.22%；橡胶、塑料类企业 11 家，占总数的 5.09%；其他制造业 5 家，占总数的 2.31%。

表5-3　样本企业的所属行业分类

行业分类	样本数（家）	比例（%）
食品、饮料制造业	28	12.96
家具制造业	10	4.63
纺织、服装类	35	16.20
文教体育用品	5	2.31
造纸及印刷业	17	7.88
医药制造业	14	6.48
化学纤维制造业	9	4.17
化学原料及化学制品	6	2.78
金属制造业	5	2.31
电子、电气制造业	23	10.66
设备制造业	48	22.22
橡胶、塑料类	11	5.09
其他制造业	5	2.31
合计	216	100

4. 企业产权性质

将样本企业按照产权性质进行分类，分类情况如表5-4所示，其中，国有及国有控股企业 20 家，占总数的 9.26%；中外合资企业 9 家，占总数的 4.17%；股份制企业 138 家，占总数的 63.89%；私营企业 38 家，占总数的 17.59%；合伙企业 11 家，占总数的 5.09%。

表5-4　样本企业的产权性质分类

产权性质	样本数（家）	比例（%）
国有及国有控股	20	9.26
中外合资	9	4.17

产权性质	样本数（家）	比例（%）
股份制	138	63.89
私营	38	17.59
合伙	11	5.09
合计	216	100

三、数据描述

本书采用 SPSS 19.0 对数据进行处理，分析大样本问卷中测量题项的标准差、偏态和峰度等，检验结果见附录2。Kline（1998）提出当偏度绝对值小于3、峰度绝对值小于10时，说明样本基本上服从正态分布。本次调查问卷的统计结果表明，测量题项的偏度绝对值均小于2，峰度绝对值均小于3，说明各测量题项的数值基本服从正态分布，可以进行验证性因子分析。

四、信度和效度

1. 信度（Reliability）

信度是用来衡量测量误差的程度的，用于估计一种测量方法不受随机性和不稳定误差影响的程度（库珀和辛德勒，2006），较高的信度才能保证测量效果的一致性和稳定性。一致性反映的是问题的同质性程度；稳定性是指使用相同的方法反复测量能够得到一致的结果。若潜在变量的 Cronbach's α 值大于0.7，组合信度值大于0.6，则表明量表具有良好的信度。

2. 效度（Validity）

效度是指测量工具能正确衡量研究者想要衡量的问题的程度，可分为内容效度（Content Validity）、效标效度（Criterion Validity）和建构效度（Construct Validity），其中，最重要的是建构效度。

内容效度是指以研究者的专业知识来主观判断所选择的标准能正确衡量所测东西的程度，它是为了检测衡量内容的适切性。本书参考了大量国内外实证研究的问卷设计，通过与学术专家和中高层管理者的交流和探讨，对问卷进行了修订，故认为问卷具有较高的内容效度。

效标效度反映了测验结果与所要测量的概念的外在效标的相关程度，相关程度越高，则此测验的效标效度越高。本次问卷的多数测量条款都参考了已有的相关研究，通过定性测验和问卷预测试对量表的测量题项进行了评估，为研究问卷的效标效度提供了有效的科学依据，故认为问卷具有较好的效标效度。

建构效度是指量表能正确测量理论构念和特质的程度，检测建构效度最常用的方法是因子分析法。Joreskog（1979）和黄芳铭（2005）等对效度检验进行了研究，认为建构效度的检验包括以下几个步骤：①基本适配指标检验，即估计参数中不能出现负的误差方差，所有误差变异必须达到显著水平，估计参数统计量彼此间的相关系数的绝对值不能太接近 1；②整体模型适配度检验，Hair 等（1998）提出用绝对适配度、增值适配度和简约适配度三种指标来衡量整体模型拟合度，Breckler（1990）提出运用拟合效果良好的模型进行的理论假设验证必须保证一个以上的达标参数，整体模型适配度的指标和标准如表 5 - 5 所示；③收敛效度检验，如果各测量题项的标准化因子载荷量和潜在变量的平均方差抽取量（Average Variance Extracted，AVE）均大于 0.5，表明量表具有较好的收敛效度（Hair et al.，1998）；④区别效度检验，Bagozzi 和 Yi（1988）指出如果量表中潜在变量的平均方差抽取量的平方根大于潜在变量间的相关系数，则表明量表具有较好的区别效度。

表 5 - 5 SEM 整体模型适配度的评价标准

拟合指标	标准或临界值
χ^2	显著性概率值 p > 0.05
χ^2/df	介于 1 到 3
GFI	> 0.90
AGFI	> 0.90
RMSEA	< 0.50
NFI	> 0.90
IFI	> 0.90
CFI	> 0.90

第二节　变量的验证性因子分析

验证性因子分析用于检验测量变量与潜在变量间的关系，事先假设测量变量与潜在变量间的关系正确，验证性因子分析往往通过结构方程模型来进行测试。结构方程模型是一种综合运用路径分析、因子分析和多元回归分析等多种方法的数据统计分析工具（李怀祖，2004），从本质上来讲，结构方程模型分析是通过变量之间的协方差矩阵来分析变量之间关系的一种统计方法，可解释一个或多个自变量同一个或多个因变量之间的关系。结构方程模型最主要的功能是验证性功能，研究者根据一定的统计方法对复杂的理论模型加以处理，并根据估计软件做出的评价结果对理论模型做出适当评价，从而证实或证伪研究者事先假设的理论模型。结构方程模型可分为测量方程和结构方程两个部分（侯杰泰等，2004），其中，测量方程描述潜变量与观测变量（指标）之间的关系，表明一个潜变量是由哪些指标变量来测度的；结构方程描述潜变量之间的关系，是一组类似多元回归中描述外生变量和内生变量之间定量关系的模型。应用结构方程模型的分析过程可分为四个步骤：模型设定、模型拟合、模型评价和模型修正。模型设定是第一步，即研究者根据理论文献和实践经验提出理论假设框架；模型拟合是将调查取得的数据与构架模型进行匹配，对参数值进行估计；模型评价是对结构方程模型软件分析的结果进行评价，其核心是模型的拟合性，即研究者所提出的变量之间的关联模式是否与数据相拟合以及拟合的程度如何，并以此来验证相应的理论研究模型；模型修正是根据统计软件输出的改善模型拟合度的统计量 MI，对模型的参数进行删除、增加或修改以实现模型的修正。本书采用 AMOS 19.0 进行结构方程模型分析。

一、网络能力的验证性因子分析

由前面的论述可知，网络能力分为四个维度，其中，网络愿景能力包含 4 个
测量题项，网络构建能力包含 5 个测量题项，关系优化能力包含 5 个测量题项，
内部协作能力包含 5 个测量题项。验证性因子分析模型如图 5-1 所示。其中，
A1 到 A4 对应量表中测量网络愿景能力的各个题项，B1 到 B5 对应量表中测量网

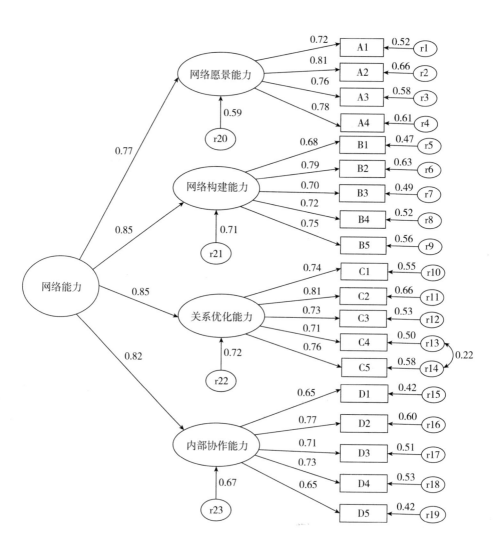

图 5-1 网络能力的验证性因子分析结果

络构建能力的各个题项，C1 到 C5 对应量表中测量关系优化能力的各个题项，D1
到 D5 对应量表中测量内部协作能力的各个题项，r1 到 r19 分别为测量误差项。
经过结构方程软件 AMOS 19.0 的运算后，得出相应的参数估计值及拟合指标，
汇总结果见表 5 – 6、表 5 – 7。

表 5 – 6　网络能力量表的测量参数估计

潜变量	测量题项	标准化系数	T 值	标准化误差	组合信度	AVE	Cronbach's α
网络愿景能力	A1	0.719		0.376	0.853	0.590	0.787
	A2	0.811	12.520	0.329			
	A3	0.763	11.865	0.385			
	A4	0.781	12.111	0.354			
网络构建能力	B1	0.685		0.388	0.851	0.533	0.766
	B2	0.791	11.668	0.369			
	B3	0.699	10.499	0.431			
	B4	0.722	10.797	0.407			
	B5	0.750	11.167	0.425			
关系优化能力	C1	0.742		0.421	0.866	0.564	0.805
	C2	0.812	13.238	0.370			
	C3	0.730	11.888	0.451			
	C4	0.707	11.392	0.416			
	C5	0.762	12.343	0.409			
内部协作能力	D1	0.652		0.418	0.830	0.497	0.758
	D2	0.774	10.671	0.349			
	D3	0.714	10.050	0.439			
	D4	0.727	10.184	0.379			
	D5	0.649	9.309	0.405			

拟合优度指标							
$\chi^2(p)$	χ^2/df	GFI	AGFI	NFI	CFI	RMSEA	IFI
0.015	1.270	0.941	0.924	0.933	0.985	0.031	0.985

表 5-7　网络能力的各参数估计值

	mean	S. D.	1	2	3	4
网络愿景能力	5.174	0.665	1			
网络构建能力	5.796	0.590	0.547***	1		
关系优化能力	5.823	0.615	0.591***	0.609***	1	
内部协作能力	5.434	0.548	0.545***	0.605***	0.605***	1

注：*** 代表 p < 0.001，** 代表 p < 0.01，* 代表 p < 0.05。

如图 5-1、表 5-6 和表 5-7 所示，在网络能力的验证性因子分析中，网络愿景能力、网络构建能力、关系优化能力和内部协作能力的 Cronbach's α 值分别为 0.787、0.766、0.805 和 0.758，均大于最低要求 0.7；网络愿景能力、网络构建能力、关系优化能力和内部协作能力的组合信度值分别为 0.853、0.851、0.866 和 0.830，均大于最低要求 0.6。由此可见，网络能力的测量量表具有良好的信度。

网络能力的四个维度之间的相关系数达到了显著水平，各维度的因子载荷均大于 0.7，表明在测量网络能力这一构念时各维度之间具有较强的聚合程度。网络愿景能力、网络构建能力、关系优化能力和内部协作能力的各测量指标的标准化系数最低值为 0.649，大于最低要求 0.5；网络愿景能力、网络构建能力、关系优化能力的平均方差抽取量分别为 0.590、0.533 和 0.564，均大于最低要求 0.5，内部协作能力的平均方差抽取量为 0.497，约等于 0.5。由此可知，网络能力的测量量表具有较好的收敛效度。

网络愿景能力、网络构建能力、关系优化能力和内部协作能力的平均方差抽取量的平方根分别为 0.768、0.730、0.751、0.705；网络愿景能力与网络构建能力之间的相关系数为 0.547，网络愿景能力与关系优化能力之间的相关系数为 0.591，网络愿景能力与内部协作能力之间的相关系数为 0.545，网络构建能力与关系优化能力之间的相关系数为 0.609，网络构建能力与内部协作能力之间的相关系数为 0.605，关系优化能力与内部协作能力之间的相关系数为 0.605。将网络能力的平均方差抽取量的平方根与它们之间的相关系数进行对比，发现各潜变量的平均方差抽取量的平方根均大于它们之间的相关系数。由此可知，网络能力的测量量表具有较好的区别效度。

从模型拟合情况来看，χ^2/df 值小于2，GFI 值大于0.9，AGFI 值大于0.9，NFI 值、CFI 值和 IFI 值均大于0.9，RMSEA 值小于0.05，这说明量表的整体模型拟合度较好。结合以上分析，可以认为量表具有较好的建构效度。

二、跨知识管理的验证性因子分析

由前面的论述可知，跨组织知识管理分为两个维度，其中，跨组织的知识获取包含5个测量题项，跨组织的知识整合包含5个测量题项。验证性因子分析模型如图5-2所示。其中，E1 到 E5 对应量表中测量跨组织知识获取的各个题项，F1 到 F5 对应量表中测量跨组织知识整合的各个题项。经过结构方程软件 AMOS 19.0 的运算后，得到相应的参数估计值及拟合指标，汇总结果见表5-8。

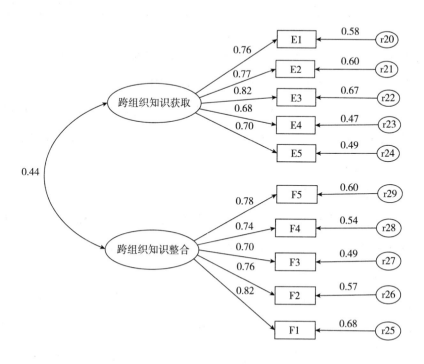

图5-2 跨组织知识管理的验证性因子分析结果

表5-8 跨组织知识管理量表的测量参数估计

潜变量	测量题项	标准化系数	T 值	标准化误差	组合信度	AVE	Cronbach's α
跨组织知识获取	E1	0.759		0.423	0.863	0.559	0.811
	E2	0.772	12.712	0.404			
	E3	0.816	13.404	0.334			
	E4	0.682	11.165	0.534			
	E5	0.702	11.510	0.507			
跨组织知识整合	F1	0.823		0.322	0.871	0.575	0.789
	F2	0.758	13.659	0.425			
	F3	0.698	12.349	0.512			
	F4	0.735	13.156	0.459			
	F5	0.775	14.042	0.399			
拟合优度指标							
$\chi^2(p)$	χ^2/df	GFI	AGFI	NFI	CFI	RMSEA	IFI
0.06	1.723	0.963	0.940	0.957	0.981	0.05	0.981

如图5-2和表5-8所示，在跨组织知识管理的验证性因子分析中，跨组织知识获取和跨组织知识整合的 Cronbach's α 值分别为0.811和0.789，均大于最低要求0.7；跨组织知识获取和跨组织知识整合的组合信度值分别为0.863和0.871，均大于最低要求0.6。由此可见，跨组织知识获取和跨组织知识整合的测量量表具有良好的信度。

跨组织知识获取和跨组织知识整合的各测量指标的标准化系数最低值为0.682，大于最低要求0.5；跨组织知识获取和跨组织知识整合的平均方差抽取量分别为0.559和0.575，均大于最低要求0.5。由此可知，量表具有较好的收敛效度。

跨组织知识获取和跨组织知识整合的平均方差抽取量的平方根分别为0.747和0.758；经过相关系数检验，发现跨组织知识获取和跨组织知识整合的相关系数小于平均方差抽取量的平方根。由此可知，量表具有较好的区别效度。

从模型拟合情况来看，χ^2/df 值小于2，GFI 值大于0.9，AGFI 值大于0.9，

NFI 值、CFI 值和 IFI 值均大于 0.9，RMSEA 值不大于 0.05，这说明量表的整体模型拟合度较好。结合以上分析，可以认为量表具有较好的建构效度。

三、学习导向的验证性因子分析

学习导向的验证性因子分析模型如图 5－3 所示，经过结构方程软件 AMOS 19.0 运算后的结果见表 5－9。

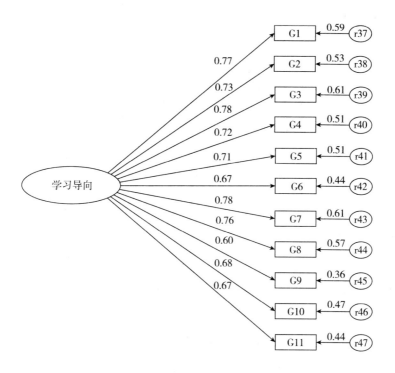

图 5－3　学习导向的验证性因子分析结果

表 5－9　学习导向量表的测量参数估计

潜变量	测量题项	标准化系数	T 值	标准化误差	组合信度	AVE	Cronbach's α
学习导向	G1	0.766		0.413	0.920	0.512	0.920
	G2	0.728	7.540	0.470			

续表

潜变量	测量题项	标准化系数	T 值	标准化误差	组合信度	AVE	Cronbach's α
学习导向	G3	0.779	8.162	0.393	0.920	0.512	0.920
	G4	0.717	7.414	0.485			
	G5	0.712	7.354	0.493			
	G6	0.666	6.816	0.556			
	G7	0.779	8.164	0.393			
	G8	0.757	7.898	0.426			
	G9	0.600	6.057	0.640			
	G10	0.684	7.023 .	0.532			
	G11	0.667	6.825	0.555			

拟合优度指标							
$\chi^2(p)$	χ^2/df	GFI	AGFI	NFI	CFI	RMSEA	IFI
0.199	1.174	0.907	0.860	0.914	0.986	0.042	0.982

如图 5 - 3 和表 5 - 9 所示，在学习导向的验证性因子分析中，学习导向的 Cronbach's α 值为 0.920，大于最低要求 0.7；学习导向的组合信度值为 0.920，远大于最低要求 0.6。由此可见，学习导向的测量量表具有良好的信度。

学习导向的各测量指标的标准化系数最低值为 0.600，大于最低要求 0.5；学习导向的平均方差抽取量为 0.512，大于最低要求 0.5。由此可知，量表具有较好的收敛效度。

从模型拟合情况来看，χ^2/df 值小于 2，GFI 值大于 0.9，AGFI 值大于 0.8，接近 0.9，NFI 值、CFI 值和 IFI 值均大于 0.9，RMSEA 值小于 0.05，这说明量表的整体模型拟合度较好。结合以上分析，可以认为量表具有较好的建构效度。

四、创新绩效的验证性因子分析

创新绩效的验证性因子分析模型如图 5 - 4 所示，经过结构方程软件 AMOS 19.0 运算后的结果见表 5 - 10。

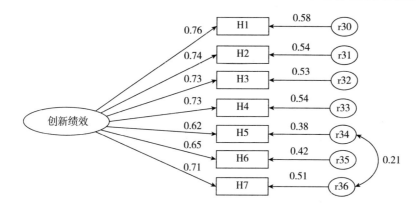

图 5-4 创新绩效的验证性因子分析结果

表 5-10 创新绩效量表的测量参数估计

潜变量	测量题项	标准化系数	T 值	标准化误差	组合信度	AVE	Cronbach's α
创新绩效	H1	0.762		0.419	0.874	0.501	0.808
	H2	0.737	12.189	0.456			
	H3	0.727	12.017	0.471			
	H4	0.734	12.134	0.461			
	H5	0.620	10.053	0.615			
	H6	0.650	10.666	0.577			
	H7	0.714	11.739	0.490			

拟合优度指标							
χ^2 (p)	χ^2/df	GFI	AGFI	NFI	CFI	RMSEA	IFI
0.296	1.168	0.985	0.968	0.982	0.986	0.030	0.986

如图 5-4 和表 5-10 所示,在创新绩效的验证性因子分析中,其 Cronbach's α 值为 0.808,大于最低要求 0.7;创新绩效的组合信度值为 0.874,大于最低要求 0.6。由此可见,企业创新绩效的测量量表具有良好的信度。

创新绩效的各测量指标的标准化系数最低值为 0.620,大于最低要求 0.5;创新绩效的平均方差抽取量为 0.501,大于最低要求 0.5。由此可知,量表具有较好的收敛效度。

从模型拟合情况来看,χ^2/df 值小于 2,GFI 值大于 0.9,AGFI 值大于 0.9,

NFI 值、CFI 值和 IFI 值均大于 0.9，RMSEA 值小于 0.05，这说明量表的整体模型拟合度较好。结合以上分析，可以认为量表具有较好的建构效度。

第三节　中介变量的验证分析

一、中介变量的检验方法介绍

中介变量在变量的因果关系中扮演着重要角色，它有助于揭示变量之间的实质关系（卢谢峰等，2007）。Baron 和 Kenny（1986）认为，中介变量是自变量对因变量产生作用的实质性和内在原因。通常情况下，若某个变量的介入能够帮助说明自变量与因变量之间的关系，这个变量就有可能是中介变量。温忠麟等（2004）认为，如果变量 X 对变量 Y 的影响是通过变量 M 来实现的，则 M 为中介变量。具体过程如图 5 - 5 所示。

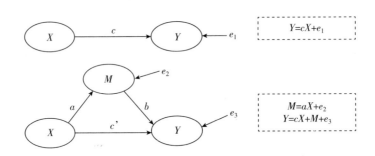

图 5 - 5　中介变量示意图

如图 5 - 5 所示，X 为自变量，Y 为因变量，M 是中介变量。需要指出的是，方程组中的所有变量都是中心化（即均值为零）以后的变量。c 表示总效应；a、b 表示中介效应，即间接效应；c' 表示直接效应。温忠麟（2004）通过对中介效应检验，得出了详细的步骤和程序，具体步骤如图 5-6 所示。

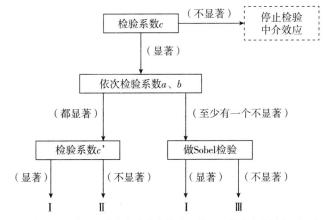

Ⅰ代表部分中介效应显著；Ⅱ代表完全中介效应显著；Ⅲ代表中介效应不显著

图 5-6　中介效应的检验步骤

由图 5-5 和图 5-6 可知，检验中介效应的程序如下：第一步，检验回归系数 c，如果显著，继续下面的第二步；反之停止分析。第二步，做部分中介检验，即依次检验系数 a 和系数 b 的显著性水平，如果系数 a 和系数 b 均显著，则进入第三步；如果至少有一个不显著，则转到第四步。第三步，做中介效应检验，即检验系数 c'，如果 c' 不显著，说明是完全中介过程；如果 c' 显著，则说明是部分中介过程。第四步，做 $Sobel$ 检验，如果 $z = \hat{a}\hat{b} / \sqrt{\hat{a}^2 s_b^2 + \hat{b}^2 s_a^2}$ 值显著，则 M 的中介效应显著；反之，则中介效应不显著。

二、中介变量的检验

1. 自变量与因变量

对自变量与因变量中的潜变量进行皮尔森相关系数分析，其分析结果如表 5-11 所示。

表 5 – 11　自变量与因变量的相关性分析

自变量	因变量	相关系数
网络愿景能力	创新绩效	0.314[**]
网络构建能力	创新绩效	0.356[**]
关系优化能力	创新绩效	0.361[**]
内部协作能力	创新绩效	0.271[**]

注：***代表 $p < 0.001$，**代表 $p < 0.01$，*代表 $p < 0.05$。

从表 5 – 11 可以看出，在网络愿景能力、网络构建能力、关系优化能力和内部协作能力与因变量创新绩效的相关性分析中，网络能力与创新绩效之间存在显著的相关关系，表明因变量创新绩效可以通过自变量网络能力来解释，各潜变量之间具有统计显著性，可以进行下一步的检验。

2. 自变量与中介变量

对自变量与中介变量的潜变量进行皮尔森相关系数分析，其分析结果如表 5 – 12 所示。

表 5 – 12　自变量与中介变量的相关性分析

自变量	中介变量	相关系数
网络愿景能力	跨组织知识获取	0.271[**]
	跨组织知识整合	0.111
网络构建能力	跨组织知识获取	0.373[**]
	跨组织知识整合	0.300[**]
关系优化能力	跨组织知识获取	0.307[**]
	跨组织知识整合	0.389[**]
内部协作能力	跨组织知识获取	0.253[**]
	跨组织知识整合	0.367[**]

注：***代表 $p < 0.001$，**代表 $p < 0.01$，*代表 $p < 0.05$。

从表 5 – 12 可看出，在网络能力的四个维度与中介变量跨组织知识获取和跨组织知识整合的相关性分析中，除网络愿景能力与跨组织知识整合之间的相关关系较弱以外，其余均存在显著的相关关系。

3. 中介变量与因变量

对中介变量与因变量的潜变量进行皮尔森相关系数分析，其分析结果如表 5 – 13 所示。

表 5 – 13　中介变量与因变量的相关性分析

中介变量	因变量	相关系数
跨组织知识获取	创新绩效	0.431 **
跨组织知识整合	创新绩效	0.299 **

注：* * *代表 p < 0.001，* *代表 p < 0.01，*代表 p < 0.05。

从表 5 – 13 可看出，跨组织知识获取和跨组织知识整合与创新绩效之间存在显著的正相关关系。

4. 控制变量

将中介变量作为控制变量后，对自变量和因变量进行偏相关性分析，其结果如表 5 – 14 所示。

表 5 – 14　中介变量作为控制变量后的自变量与因变量的相关性分析

自变量	因变量	相关系数
网络愿景能力	创新绩效	0.108
网络构建能力	创新绩效	0.158
关系优化能力	创新绩效	0.161
内部交流能力	创新绩效	0.152

注：* * *代表 p < 0.001，* *代表 p < 0.01，*代表 p < 0.05。

从表 5 – 14 可看出，在把中介变量跨组织知识获取和跨组织知识整合作为控制变量后，网络能力各潜变量与创新绩效的相关系数均明显降低，并且网络能力各潜变量与创新绩效的关系变得不再显著。

根据图 5 – 6 所示的中介变量检验步骤，可以得知，跨组织知识获取在网络愿景能力、网络构建能力、关系优化能力和内部协作能力与创新绩效的关系中具有完全中介效应；跨组织知识整合在网络构建能力、关系优化能力和内部协作能力与创新绩效的关系中具有完全中介效应。

对跨组织知识整合在网络愿景能力与创新绩效关系中的中介效应进行 Sobel 检验，其步骤如图 5 - 7 所示。

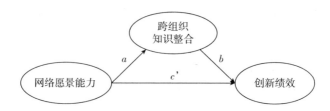

图 5 - 7　跨组织知识整合的中介效应

对上述三个变量进行验证性检验，检验结果如表 5 - 15 所示。

表 5 - 15　跨组织知识整合在网络愿景能力与创新绩效关系中的中介效应的拟合参数

χ^2	df	χ^2/df	GFI	AGFI	CFI	RMSEA	IFI
650.8	576	1.130	0.902	0.886	0.986	0.021	0.986

从表 5 - 15 可以看出，该模型的 χ^2 为 650.8，χ^2/df 为 1.130，小于 2，表示该模型与样本数据的契合度较好。GFI 值为 0.902，大于 0.9；AGFI 值虽然小于 0.9，但接近 0.9，这个指标可以接受；CFI 值为 0.986，大于 0.9；IFI 值为 0.986，大于 0.9；RMSEA 值小于 0.05，这说明该模型拟合得比较理想。变量之间的路径系数见表 5 - 16。

表 5 - 16　网络愿景能力与创新绩效的路径系数

路径关系	标准化系数	S. E.	t 值
跨组织知识整合 <--- 网络愿景能力（a）	0.101	0.065	1.813
创新绩效 <--- 跨组织知识整合（b）	0.331	0.131	2.311**
创新绩效 <--- 网络愿景能力	0.067	0.097	0.737

注：** 代表 p < 0.01。

根据表 5 - 16，可计算出 $z = \hat{a}\hat{b}/\sqrt{\hat{a}^2 s_b^2 + \hat{b}^2 s_a^2} = 1.324$，小于 1.96，表示跨组织知识整合在网络愿景能力与创新绩效关系中的中介效应不显著。

综合以上分析，将中介效应的检验结果进行汇总，汇总结果如图 5 - 8 所示。

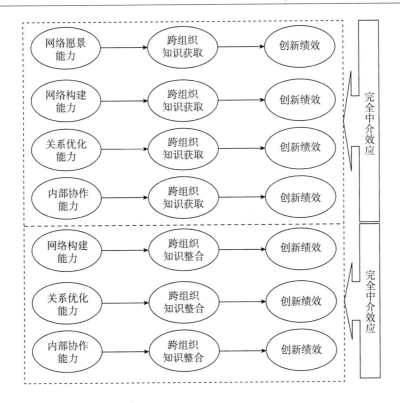

图 5 – 8　中介效应的检验结果

第四节　假设检验

结构方程模型分析主要有模型设定、模型拟合、模型评价和模型修正四个步骤。按照这些步骤，本节首先对第三章提出的研究假设进行初步拟合和评价，然后根据修正指数对模型进行修正，最后对假设检验结果进行分析。

一、结构方程模型的初步拟合与评价

根据第三章提出的研究假设构建结构方程模型，使用 AMOS 19.0 对该结构方程模型进行初步拟合检验，拟合结果如图 5 - 9 所示，其拟合参数见表 5 - 17。

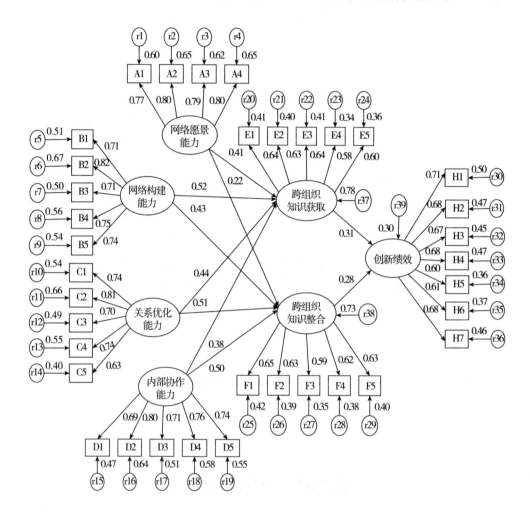

图 5 - 9　网络能力对创新绩效影响的结构方程模型的初步拟合图

表 5 - 17　网络能力对企业创新绩效影响的结构方程模型的拟合参数

χ^2	df	χ^2/df	GFI	AGFI	CFI	RMSEA	IFI
989.2	584	1.694	0.839	0.816	0.925	0.051	0.926

从表 5 - 17 可以看出，该模型的卡方值为 989.2，χ^2/df 小于 2，模型的拟合效果处于可以接受的范围。GFI 值为 0.839，小于 0.9；AGFI 值为 0.816，小于

0.9；RMSEA 值为 0.051，略大于 0.05。

二、结构方程模型的修正检验

从统计结果来看，表 5-7 中的网络能力的各维度的相关系数都比较高，说明网络愿景能力、网络构建能力、关系优化能力和内部协作能力相互之间具有一定的相关性；从理论角度来看，网络愿景能力是一种战略能力，指导企业网络活动的方向和定位，注重发现网络机会，明确企业参与社会网络的价值导向，从而为网络构建和关系优化提供一定的活动依据，从这个层面来看，网络愿景能力分别与网络构建能力和关系优化能力相关。网络愿景能力通过塑造网络愿景和网络活动规范，为企业内部工作明确前进的方向和工作规则，有助于调动内部各部门的工作积极性，促使各部门各司其职、团结一致，从这个层面来看，网络愿景能力与内部协作能力相关。内部协作能力能够反映企业内部协调合作的程度，使外部信息在企业内部畅通运行，协调内部资源的分配和目标统一，加快对环境的反应速度，为企业构建外部网络和优化网络关系提供内部资源支撑和帮助，由此可知，内部协作能力与网络构建能力和关系优化能力相关。关系优化是对构建的网络进一步协调和整合，而网络构建需要关系优化积累的经验和信息，由此可知，网络构建能力与关系优化能力相关。网络构建能力和关系优化能力越强，企业越能建立更多的有效关系，扩大企业接触信息的范围，从而帮助企业发现更多的网络机会，由此可知，网络构建能力和关系优化能力又能反作用于网络愿景能力。基于以上分析，在初步拟合模型的基础上考虑网络愿景能力、网络构建能力、关系优化能力和内部协作能力之间的相关性，然后根据修正指数对模型进一步进行修正。

基于以上分析，应在网络能力对创新绩效影响的结构方程模型中加入它们之间的相关性。其修正后的拟合结果见图 5-10，其拟合参数和路径系数分别见表5-18 和表 5-19。

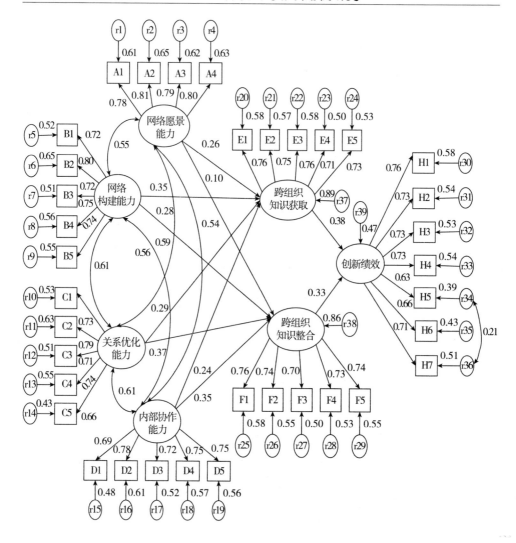

图 5 - 10　网络能力对创新绩效影响的结构方程模型的修正拟合图

表 5 - 18　修正后的网络能力对创新绩效影响的结构方程模型的拟合参数

χ^2	df	χ^2/df	GFI	AGFI	CFI	RMSEA	IFI
651.4	577	1.129	0.902	0.886	0.986	0.021	0.986

从表 5 - 18 可以看出，该模型的 χ^2 为 651.4，χ^2/df 为 1.129，小于 2，表示该模型与样本数据的契合度较好。GFI 值为 0.902，大于 0.9；AGFI 值虽然小于

0.9，但接近 0.9，这个指标可以接受；CFI 值为 0.986，大于 0.9；IFI 值为 0.986，大于 0.9；RMSEA 值小于 0.05，这说明该模型拟合得比较理想。

表 5 - 19　网络能力对创新绩效影响的路径系数

路径关系	标准化系数	S. E.	t 值
跨组织知识获取 <--- 网络愿景能力	0.256	0.051	4.723***
跨组织知识整合 <--- 网络愿景能力	0.105	0.065	1.895
跨组织知识获取 <--- 网络构建能力	0.353	0.060	5.953***
跨组织知识整合 <--- 网络构建能力	0.284	0.075	4.701***
跨组织知识获取 <--- 关系优化能力	0.290	0.061	4.701***
跨组织知识整合 <--- 关系优化能力	0.368	0.082	5.454***
跨组织知识获取 <--- 内部协作能力	0.239	0.059	4.244***
跨组织知识整合 <--- 内部协作能力	0.347	0.081	5.521***
创新绩效 <--- 跨组织知识获取	0.383	0.161	2.670**
创新绩效 <--- 跨组织知识整合	0.327	0.131	2.281**

注：***代表 $p < 0.001$，**代表 $p < 0.01$，*代表 $p < 0.05$。

从表 5 - 19 可以看出，网络愿景能力、网络构建能力、关系优化能力和内部协作能力对跨组织知识获取影响的路径系数在 $p < 0.001$ 的水平下显著；网络构建能力、关系优化能力和内部协作能力对跨组织知识整合影响的路径系数在 $p < 0.001$ 的水平下显著；跨组织知识获取和跨组织知识整合对企业创新绩效影响的路径系数在 $p < 0.01$ 下显著。

三、学习导向对网络能力与跨组织知识管理关系的调节作用的检验

假如变量 Y 同变量 X 的关系是变量 Z 的函数，则称 Z 为调节变量（James et al.，1984）。Baron 和 Kenny（1986）认为，调节变量是影响自变量与因变量之间关系的方向或强度的定类或定量数据①。调节变量所要解释的是自变量在何种

---

① Baron R. M., Kenny D. A. The Moderator – mediator Variable Distinction in Social Psychological Research：Conceptual，Strategic，and Statistical Considerations ［J］. Journal of Personality and Social Psychology，1986（51）：1173 - 1182.

条件下会影响因变量。在进行调节变量分析时，为了避免受多重共线性的影响，往往要将自变量和调节变量进行中心化变换。本书认为学习导向是网络能力的各个因子与跨组织知识获取和跨组织知识整合关系中的调节变量，如图 5 – 11 所示。

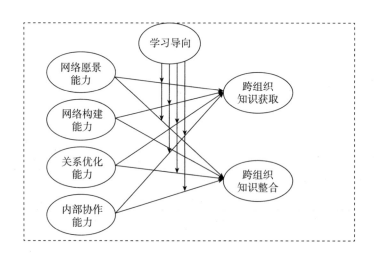

图 5 – 11　学习导向的调节作用

从统计学的角度来看，调节效应和交互效应可以说是一样的（温忠麟等，2005），在统计分析上，调节效应与交互效应的结果具有一致性，因此，本书根据交互效应的检验原理对调节效应进行检验。为了检验潜变量的交互效应，温忠麟和吴艳（2010）总结出了一套既简洁又精确的方法，即无需均值结构的无约束方程法，该方法被国际上 100 多篇学术论文引用过。无需均值结构的无约束方程法的思想如下所述，设 Y 为内生潜变量，X_1 和 X_2 为外生潜变量，要进行外生潜变量对内生潜变量的交互效应分析，建立如下结构方程：$y = r_1 x_1 + r_2 x_2 + r_3 x_1 x_2 + e$。其中，$r_1$、$r_2$ 表示主效应，r_3 表示交互效应，把乘积项 $X_1 X_2$ 看作是除 X_1 和 X_2 之外的第三个潜变量，交互效应模型如图 5 – 12 所示。

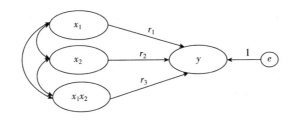

图 5-12 潜变量交互效应模型示意图

潜变量的调节作用的检验步骤如下：首先，将所有测量指标进行中心化处理；其次，生成配对乘积指标，即根据标准化负荷大小对测量指标进行配对相乘，配对遵循"大配大、小配小"的原则；最后，用无约束方法建立无均值结构的无约束方程模型。对学习导向在网络能力的不同因子与跨组织知识管理关系中的调节作用进行检验。

1. 学习导向对网络愿景能力与跨组织知识获取关系的调节作用的检验

将学习导向在网络愿景能力对跨组织知识获取影响中的调节作用用图 5-13 表示出来，根据无需均值结构的无约束方程进行建模，运用 AMOS 19.0 进行拟合检验，其拟合参数值如表 5-20 所示。

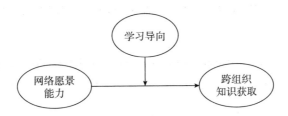

图 5-13 学习导向对网络愿景能力与跨组织知识获取关系的调节作用

表 5-20 学习导向对网络愿景能力与跨组织知识获取关系的调节作用的检验结果

χ^2	χ^2/df	GFI	CFI	RMSEA
379.015	1.547	0.907	0.964	0.041
路径关系		标准化系数	t 值	p 值
跨组织知识获取 <--- 网络愿景能力 × 学习导向		0.084	1.020	0.308

从表 5 - 20 可以看出，该模型的 χ^2 为 379.015，χ^2/df 为 1.547，小于 2，表示该模型与样本数据的契合度较好。GFI 值为 0.907，大于 0.9；CFI 值为 0.964，大于 0.9；RMSEA 值为 0.041，小于 0.05。这说明该模型拟合得比较理想。学习导向对网络愿景能力与跨组织知识获取关系的调节效应系数为 0.084，t 值小于 1.96，其对应的 p 值大于 0.05，说明学习导向对网络愿景能力与跨组织知识获取关系的调节作用不显著。

2. 学习导向对网络构建能力与跨组织知识获取关系的调节作用的检验

将学习导向在网络构建能力对跨组织知识获取影响中的调节作用用图 5 - 14 表示出来，根据无需均值结构的无约束方程进行建模，运用 AMOS 19.0 进行拟合检验，其拟合参数值如表 5 - 21 所示。

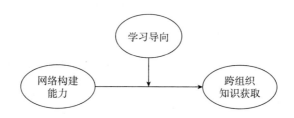

图 5 - 14　学习导向对网络构建能力与跨组织知识获取关系的调节作用

表 5 - 21　学习导向对网络构建能力与跨组织知识获取关系的调节作用的检验结果

χ^2	χ^2/df	GFI	CFI	RMSEA
390.112	1.336	0.914	0.976	0.034

路径关系	标准化系数	t 值	P 值
跨组织知识获取 <--- 网络构建能力×学习导向	0.186	2.619	0.009

从表 5 - 21 可以看出，该模型的 χ^2 为 390.112，χ^2/df 为 1.336，小于 2，表示该模型与样本数据的契合度较好。GFI 值为 0.914，大于 0.9；CFI 值为 0.976，大于 0.9；RMSEA 值为 0.034，小于 0.05。这说明该模型拟合得比较理想。学习导向对网络构建能力与跨组织知识获取关系的调节效应系数为 0.186，t 值大于

1.96，其对应的 P 值小于 0.05，说明学习导向对网络构建能力与跨组织知识获取关系的调节作用显著。

3. 学习导向对关系优化能力与跨组织知识获取关系的调节作用的检验

将学习导向在关系优化能力对跨组织知识获取影响中的调节作用用图 5 − 15 表示出来，根据无需均值结构的无约束方程进行建模，运用 AMOS 19.0 进行拟合检验，其拟合参数值如表 5 − 22 所示。

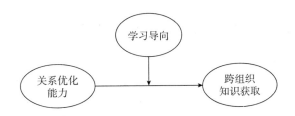

图 5 − 15　学习导向对关系优化能力与跨组织知识获取关系的调节作用

表 5 − 22　学习导向对关系优化能力与跨组织知识获取关系的调节作用的检验结果

χ^2	χ^2/df	GFI	CFI		RMSEA
365.011	1.250	0.920	0.983		0.028
路径关系			标准化系数	t 值	P 值
跨组织知识获取 <--- 关系优化能力×学习导向			0.213	2.535	0.011

从表 5 − 22 可以看出，该模型的 χ^2 值为 365.011，χ^2/df 值为 1.250，小于 2，表示该模型与样本数据的契合度较好。GFI 值为 0.920，大于 0.9；CFI 值为 0.983，大于 0.9，RMSEA 值为 0.028，小于 0.05。这说明该模型拟合得比较理想。学习导向对关系优化能力与跨组织知识获取关系的调节效应系数为 0.213，t 值大于 1.96，其对应的 P 值小于 0.05，说明学习导向对关系优化能力与跨组织知识获取关系的调节作用显著。

4. 学习导向对内部协作能力与跨组织知识获取关系的调节作用的检验

将学习导向在内部协作能力对跨组织知识获取影响中的调节作用用图 5 − 16

表示出来，根据无需均值结构的无约束方程进行建模，运用 AMOS 19.0 进行拟合检验，其拟合参数值如表 5 – 23 所示。

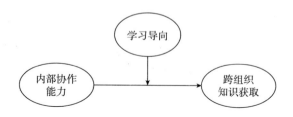

图 5 – 16　学习导向对内部协作能力与跨组织知识获取关系的调节作用

表 5 – 23　学习导向对内部协作能力与跨组织知识获取关系的调节作用的检验结果

χ^2	χ^2/df	GFI	CFI	RMSEA
416.684	1.427	0.908	0.970	0.038

路径关系	标准化系数	t 值	P 值
跨组织知识获取 <--- 内部协作能力 × 学习导向	0.168	2.470	0.014

从表 5 – 23 可以看出，该模型的 χ^2 值为 416.684，χ^2/df 值为 1.427，小于 2，表示该模型与样本数据的契合度较好。GFI 值为 0.908，大于 0.9；CFI 值为 0.970，大于 0.9；RMSEA 值为 0.038，小于 0.05。这说明该模型拟合得比较理想。学习导向对内部协作能力与跨组织知识获取关系的调节效应系数为 0.168，t 值大于 1.96，其对应的 P 值小于 0.05，说明学习导向对内部协作能力与跨组织知识获取关系的调节作用显著。

5. 学习导向对网络愿景能力与跨组织知识整合关系的调节作用的检验

将学习导向在网络愿景能力对跨组织知识整合影响中的调节作用用图 5 – 17 表示出来，根据无需均值结构的无约束方程进行建模，运用 AMOS 19.0 进行拟合检验，其拟合参数值如表 5 – 24 所示。

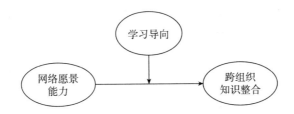

图 5 – 17　学习导向对网络愿景能力与跨组织知识整合关系的调节作用

表 5 – 24　学习导向对网络愿景能力与跨组织知识整合关系的调节作用的检验结果

χ^2	χ^2/df	GFI	CFI	RMSEA
426. 790	1. 742	0. 905	0. 948	0. 051

路径关系	标准化系数	t 值	P 值
跨组织知识整合 <--- 网络愿景能力×学习导向	0. 019	0. 322	0. 749

　　从表 5 – 24 可以看出，该模型的 χ^2 值为 426. 790，χ^2/df 值为 1. 742，小于 2，表示该模型与样本数据的契合度较好。GFI 值为 0. 905，大于 0. 9；CFI 值为 0. 948，大于 0. 9；RMSEA 值为 0. 051，接近 0. 05。这说明该模型拟合得比较理想。学习导向对网络愿景能力与跨组织知识整合关系的调节效应系数为 0. 019，t 值远小于 1. 96，其对应的 P 值远远大于 0. 05，说明学习导向对网络愿景能力与跨组织知识整合关系的调节作用不显著。

　　6. 学习导向对网络构建能力与跨组织知识整合关系的调节作用的检验

　　将学习导向在网络构建能力对跨组织知识整合影响中的调节作用用图 5 – 18 表示出来，根据无需均值结构的无约束方程进行建模，运用 AMOS 19. 0 进行拟合检验，其拟合参数值如表 5 – 25 所示。

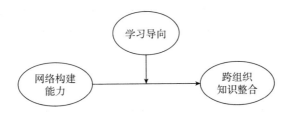

图 5 – 18　学习导向对网络构建能力与跨组织知识整合关系的调节作用

表 5 – 25　学习导向对网络构建能力与跨组织知识整合关系的调节作用的检验结果

χ^2	χ^2/df	GFI	CFI		RMSEA
419.020	1.435	0.913	0.972		0.037
路径关系			标准化系数	t 值	P 值
跨组织知识整合 <--- 网络构建能力 × 学习导向			0.108	1.661	0.097

从表 5 – 25 可以看出，该模型的 χ^2 值为 419.020，χ^2/df 值为 1.435，小于 2，表示该模型与样本数据的契合度较好。GFI 值为 0.913，大于 0.9；CFI 值为 0.972，大于 0.9；RMSEA 值为 0.037，小于 0.05。这说明该模型拟合得比较理想。学习导向对网络构建能力与跨组织知识整合关系的调节效应系数为 0.108，t 值小于 1.96，其对应的 P 值大于 0.05，说明学习导向对网络构建能力与跨组织知识整合关系的调节作用不显著。

7. 学习导向对关系优化能力与跨组织知识整合关系的调节作用的检验

将学习导向在关系优化能力对跨组织知识整合影响中的调节作用用图 5 – 19 表示出来，根据无需均值结构的无约束方程进行建模，运用 AMOS 19.0 进行拟合检验，其拟合参数值如表 5 – 26 所示。

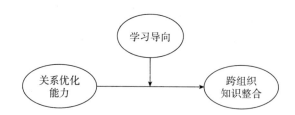

图 5 – 19　学习导向对关系优化能力与跨组织知识整合关系的调节作用

表 5 – 26　学习导向对关系优化能力与跨组织知识整合关系的调节作用的检验结果

χ^2	χ^2/df	GFI	CFI		RMSEA
385.732	1.321	0.915	0.977		0.034
路径关系			标准化系数	t 值	P 值
跨组织知识整合 <--- 关系优化能力 × 学习导向			0.207	2.556	0.010

从表 5-26 可以看出,该模型的 χ^2 值为 385.732,χ^2/df 值为 1.321,小于 2,表示该模型与样本数据的契合度较好。GFI 值为 0.915,大于 0.9;CFI 值为 0.977,大于 0.9;RMSEA 值为 0.034,小于 0.05。这说明该模型拟合得比较理想。学习导向对关系优化能力与跨组织知识整合关系的调节效应系数为 0.207,t 值大于 1.96,其对应的 P 值小于 0.05,说明学习导向对关系优化能力与跨组织知识整合关系的调节作用显著。

8. 学习导向对内部协作能力与跨组织知识整合关系的调节作用的检验

将学习导向在内部协作能力对跨组织知识整合影响中的调节作用用图 5-20 表示出来,根据无需均值结构的无约束方程进行建模,运用 AMOS 19.0 进行拟合检验,其拟合参数值如表 5-27 所示。

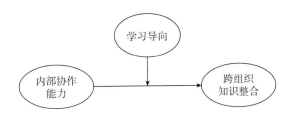

图 5-20 学习导向对内部协作能力与跨组织知识整合关系的调节作用

表 5-27 学习导向对内部协作能力与跨组织知识整合关系的调节作用的检验结果

χ^2	χ^2/df	GFI	CFI	RMSEA
390.988	1.339	0.909	0.975	0.034
路径关系		标准化系数	t 值	P 值
跨组织知识整合 <--- 内部协作能力 × 学习导向		0.195	2.635	0.008

从表 5-27 可以看出,该模型的 χ^2 值为 390.988,χ^2/df 值为 1.339,小于 2,表示该模型与样本数据的契合度较好。GFI 值为 0.909,大于 0.9;CFI 值为 0.975,大于 0.9;RMSEA 值为 0.034,小于 0.05。这说明该模型拟合得比较理想。学习导向对内部协作能力与跨组织知识整合关系的调节效应系数为 0.195,t

值大于 1.96，其对应的 P 值小于 0.05，说明学习导向对内部协作能力与跨组织知识整合关系的调节作用显著。

第五节　本章小结

本章首先介绍了数据收集过程；然后对样本数据进行了描述性分析；接着通过对量表的验证性因子分析检验了量表的信度和效度，结果表明各变量的测量量表的信度和效度均较好；最后运用结构方程模型对本研究的理论假设进行了检验，其检验结果如表 5 - 28 所示，其中，有 14 条假设通过了验证，还有 4 条假设未通过验证。

表 5 - 28　假设的检验结果汇总

假设	假设内容	验证结果
H1a	网络愿景能力对跨组织知识获取具有显著的正向影响	支持
H1b	网络愿景能力对跨组织知识整合具有显著的正向影响	不支持
H2a	网络构建能力对跨组织知识获取具有显著的正向影响	支持
H2b	网络构建能力对跨组织知识整合具有显著的正向影响	支持
H3a	关系优化能力对跨组织知识获取具有显著的正向影响	支持
H3b	关系优化能力对跨组织知识整合具有显著的正向影响	支持
H4a	内部协作能力对跨组织知识获取具有显著的正向影响	支持
H4b	内部协作能力对跨组织知识整合具有显著的正向影响	支持
H5	跨组织知识获取对企业创新绩效具有显著的正向影响	支持
H6	跨组织知识整合对企业创新绩效具有显著的正向影响	支持
H7	学习导向在网络能力对跨组织知识获取影响中起到正向的调节作用	
H7a	学习导向在网络愿景能力对跨组织知识获取影响中起到正向的调节作用	不支持
H7b	学习导向在网络构建能力对跨组织知识获取影响中起到正向的调节作用	支持
H7c	学习导向在关系优化能力对跨组织知识获取影响中起到正向的调节作用	支持
H7d	学习导向在内部协作能力对跨组织知识获取影响中起到正向的调节作用	支持

续表

假设	假设内容	验证结果
H8	学习导向在网络能力对跨组织知识整合影响中起到正向的调节作用	
H8a	学习导向在网络愿景能力对跨组织知识整合影响中起到正向的调节作用	不支持
H8b	学习导向在网络构建能力对跨组织知识整合影响中起到正向的调节作用	不支持
H8c	学习导向在关系优化能力对跨组织知识整合影响中起到正向的调节作用	支持
H8d	学习导向在内部协作能力对跨组织知识整合影响中起到正向的调节作用	支持

第六章　研究结论与研究展望

　　通过前面各个章节的阐述和论证，本书已经对企业网络能力通过跨组织知识管理来影响创新绩效的机理进行了全面而系统的定性和定量分析。因此，本章对主要结论进行了总结，并对本书的理论贡献、实际意义、研究局限和未来研究方向展开了讨论。

第一节　主要研究结论与启示

一、主要研究结论

　　随着知识的快速增长、产品生命周期的缩短和市场需求的变化，企业只有不断地进行创新，才能在激烈的竞争中取得优势。面对当下强烈的创新需求，企业仅靠自身的技术和内部资源难以产生竞争优势。在创新日趋复杂的前提下，企业的竞争力取决于获得和产生新知识的能力。在现实的生产经营中，真正成功的创新往往是通过与其他组织及外部环境进行互动合作来获取和整合知识的。即使是企业内部创新，也需要了解市场需求和最新技术。因此，企业网络的组成和组织方式在很大程度上影响着企业创新的途径和效果。本书基于社会学、管理学等有关企业网络的研究，结合外部复杂多变的环境，从动态的视角重新研究网络能力与企业创新的关系，经过文献归纳、理论剖析和假设验证，最终提炼出以下几个方面的内容：

（1）在综合以往关于网络能力研究的基础之上，将网络能力划分为四个维度，分别是网络愿景能力、网络构建能力、关系优化能力和内部协作能力。根据知识管理理论，归纳出跨组织知识管理的含义，并通过回顾知识管理的过程，将跨组织知识管理的维度划分为跨组织知识获取和跨组织知识整合。通过对样本数据的探索性和验证性分析，确定网络能力和跨组织知识管理的维度划分标准。

（2）根据社会网络理论和企业能力理论，提出网络能力对跨组织知识管理的正向影响作用。具体表现在以下几个方面：

第一，网络愿景能力对跨组织知识获取具有显著的正向影响。从图 5 - 10 和表 5 - 19 可以看出，网络愿景能力对跨组织知识获取影响的标准化路径系数为 0.256，在 p < 0.001 的情况下，其 t 值显著，表明网络愿景能力对跨组织知识获取有显著的积极作用。网络愿景能力是一种战略层面的网络能力，一方面能够帮助企业从战略角度来系统地评价和筛选不同网络组织内的知识；另一方面通过规划网络发展愿景和目标，指导企业建立内外关系，从而间接帮助企业获取外部知识。

第二，网络愿景能力对跨组织知识整合没有显著的正向影响。从图 5 - 10 和表 5 - 19 可以看出，网络愿景能力对跨组织知识整合影响的标准化路径系数为 0.104，其 t 值不显著，表明网络愿景能力对跨组织知识整合没有显著的积极作用。跨组织知识整合是一个比较复杂的过程，受组织整合能力、内部结构、组织关系和网络位置等因素的直接影响。网络愿景能力可以帮助企业识别网络机会和价值、规划网络发展等，但只能引导企业建立网络位置和网络关系，对跨组织知识整合只能起到部分间接作用，所以，对跨组织知识整合的直接效应并不显著。

第三，网络构建能力对跨组织知识获取具有显著的正向影响。从图 5 - 10 和表 5 - 19 可以看出，网络构建能力对跨组织知识获取影响的标准化路径系数为 0.353，在 p < 0.001 的情况下，其 t 值显著，表明网络构建能力对跨组织知识获

取有显著的积极作用。该结论表明许多企业积极构建外部网络关系，培养自身的网络位置，是为了从外部网络组织中获得有用的资源。

第四，网络构建能力对跨组织知识整合具有显著的正向影响。从图 5 – 10 和表 5 – 19 可以看出，网络构建能力对跨组织知识整合影响的标准化路径系数为 0.284，在 p < 0.001 的情况下，其 t 值显著，表明网络构建能力对跨组织知识整合有显著的积极作用。网络构建能力通过分析自身的网络位置，识别潜在合作者，并与潜在合作者建立有效关系，从而使企业能在网络中占据优势位置。在网络中占据优势位置的企业往往具有较高的地位和权力，可以利用自身的威望、地位和权力，要求网络中的其他主体进行配合，从而进行跨组织知识整合。

第五，关系优化能力对跨组织知识获取具有显著的正向影响。从图 5 – 10 和表 5 – 19 可以看出，关系优化能力对跨组织知识获取影响的标准化路径系数为 0.290，在 p < 0.001 的情况下，其 t 值显著，表明关系优化能力对跨组织知识获取有显著的积极作用。关系优化能力通过建立和培养外部关系资本，能够获取网络中的资源和信息。

第六，关系优化能力对跨组织知识整合具有显著的正向影响。从图 5 – 10 和表 5 – 19 可以看出，关系优化能力对跨组织知识整合影响的标准化路径系数为 0.368，在 p < 0.001 的情况下，其 t 值显著，表明关系优化能力对跨组织知识整合有显著的积极作用。关系优化能力可以将供应商、顾客、竞争对手和合作伙伴等组织的知识组合起来，发挥知识的协同效应。

第七，内部协作能力对跨组织知识获取具有显著的正向影响。从图 5 – 10 和表 5 – 19 可以看出，内部协作能力对跨组织知识获取影响的标准化路径系数为 0.239，在 p < 0.001 的情况下，其 t 值显著，表明内部协作能力对跨组织知识获取有显著的积极作用。具有良好内部协作能力的企业，各部门之间互相交换知识和信息，彼此了解知识需求，提高了对外知识获取的效率和范围。

第八，内部协作能力对跨组织知识整合具有显著的正向影响。从图 5 – 10 和表 5 – 19 可以看出，内部协作能力对跨组织知识整合影响的标准化路径系数为 0.347，在 p < 0.001 的情况下，其 t 值显著，表明内部协作能力对跨组织知识整

合有显著的积极作用。内部协作能力表现为部门内部经常就某些问题举行会议，各部门之间经常进行沟通，员工之间存在非正式的联系和交流，上下级之间经常进行交流和反馈，这样保证了企业内部能进行有效的协商和意见交换，共同分享他们有关发展过程的知识，打破了正式结构边界和知识边界的限制，能够整合和开发他们的知识。

（3）根据知识基础观和企业创新理论，本书提出跨组织知识管理对企业创新绩效有显著的正向影响，具体表现在以下两个方面：

第一，跨组织知识获取对企业创新绩效具有显著的正向影响。从图 5 - 10 和表 5 - 19 可以看出，跨组织知识获取对创新绩效影响的标准化路径系数为 0.383，在 $p < 0.01$ 的情况下，其 t 值显著，表明跨组织知识获取对创新绩效有显著的积极作用。跨组织知识获取使企业收集到有关市场、技术和合作等方面的知识，对自主创新或合作创新具有积极作用。

第二，跨组织知识整合对企业创新绩效具有显著的正向影响。从图 5 - 10 和表 5 - 19 可以看出，跨组织知识整合对创新绩效影响的标准化路径系数为 0.327，在 $p < 0.01$ 的情况下，其 t 值显著，表明跨组织知识整合对创新绩效有显著的积极作用。在竞争越来越激烈的产业中，企业发展产品所需的技术往往来不及自行建立，跨组织知识整合是这类产业发展的必然趋势，知识整合效率越高的企业，研发绩效越高，所创造的产品也越好。

（4）根据组织学习理论，本书提出学习导向在网络能力与跨组织知识管理的关系中起调节作用。具体表现在以下两个方面：

第一，在学习导向对网络能力与跨组织知识获取关系的调节作用中，有 1 个假设未通过检验，即学习导向对网络愿景能力与跨组织知识获取关系的调节作用不显著，其余假设均获得了实证支持。知识搜寻的有效性和强度往往取决于组织的学习愿望，学习导向越强的企业，越能通过网络构建能力、关系优化能力和内部协作能力收获到更多的知识。

第二，在学习导向对网络能力与跨组织知识整合关系的调节作用中，有 2 个假设未通过检验，即学习导向对网络愿景能力与跨组织知识整合关系的调节作用不显著，其余假设均获得了实证支持。学习导向越强烈，企业内部员工的学习积极性越高，越能促使企业更加主动有效地通过关系优化能力和内部协作能力搭建内外交流平台，从而实现和提高跨组织知识整合及其整合质量。

二、研究启示

制造业是现代文明的支柱之一，是关乎生产、生活和国防装备等国民经济发展和国家安全的重要依托，也是现代化进程的动力源之一。我国制造业具有产业链长、中间环节多、产品工艺复杂和产品及物料品种规格多等特征，面对复杂多变的市场局面，制造业企业必须加快转型步伐，不断创新，改进工艺技术，提高劳动生产率，建立高度柔性和敏捷性的经营模式，以提高对市场的响应速度。

本书以跨组织知识管理为中间变量，探索了企业网络能力对创新绩效的作用机理，并以学习导向为网络能力与跨组织知识管理关系的调节变量，通过理论和实证研究，揭示了变量的作用机理，得到了一些有意义的启示：

1. 注重网络能力的培育，既要重视操作能力，又要重视基础能力

本书将网络能力划分为四个维度，分别是网络愿景能力、网络构建能力、关系优化能力和内部协作能力。其中，网络愿景能力和内部协作能力属于基础能力，网络构建能力和关系优化能力属于操作能力，且这四种能力相互关联。企业应将网络能力的培养提高到战略高度，制定长远的网络能力培养计划，然后制定相应的制度规范以及适当的组织结构，以确保计划顺利实施。在具体策略上，首先，企业的管理层应加强自身能力的培养，不断提高自身的开拓进取意识，培养高瞻远瞩的眼光，并学会观察外部环境，捕捉外部网络中所蕴藏的机会和价值；其次，加强对与外部网络接触频繁的部门人员的沟通技巧的培养，提高人员的综合素质和社会胜任力[①]（Baron & Markman，2000），并定期进行考核与评比；最后，通过定期举行部门会议、开展集体活动和设置内部交流场所来加强各部门人员的交流

---

① Baron 和 Markman（2000）认为社会胜任力是行为者与他人互动交往的效能，是对多种社会技能（Social Skill）的共同作用加以整合的一个概念。

和合作，并致力于创造和谐的工作环境，以发展企业内部良好的人际关系。

2. 注重跨组织合作和交流

全球化、科技化和信息化使企业朝着既竞争又合作的方向发展，而互联网的互通互联环境为企业之间的合作提供了有利的条件。企业合作有助于跨组织的知识管理。知识获取可以来自企业内部，也可以来自企业外部；知识整合可以发生在企业内部，也可以跨越组织边界。Verona（1999）强调，外部知识与内部知识整合起来才能提高绩效，企业仅依靠内部知识难以迅速对市场做出反应。

面对创新的复杂和风险，企业应该加强同竞争对手、研发机构或产业链成员之间的开发合作，鼓励边界人员对外宣传、组建跨组织团队、加强组织交流和进行跨组织合作。其中，加强边界人员对外宣传是指鼓励企业对外窗口人员充分利用沟通技巧，将企业的形象和优势宣传出去，以吸引优秀的合作伙伴；组建跨组织团队是指抽取各个合作组织中拥有产品开发相关知识的人员，将他们组建成一个专项团队；跨组织交流主要是指企业的管理层及相关人员与其他组织的人员进行非正式的交流和互动。跨组织交流被视为有效的跨边界知识转移机制，交流的范围和强度影响着跨组织知识转移的效果。如果跨组织之间交流的范围很小，仅局限于团队成员内部，会减弱跨组织交流的广度，导致知识整合的效果很有限；跨组织合作是同其他组织开展有关产品设计、定价和营销策略等方面内容的合作。企业应高度重视跨组织合作，通过营造合作环境与组织氛围，集成组织内外部的知识资源，建立并完善知识合作机制。

3. 注重学习精神的培养

组织的学习导向能够调节网络能力与跨组织知识管理的关系，在动态性高的环境中，学习意图强烈的企业，能更主动、积极地进行探索性学习，从而帮助企业寻找顾客需求、关键技术信息和知识，帮助企业适应环境变化，加快创新速度，提高创新效率。企业需要将组织学习视为基本价值观，并将其融入企业文化中，通过学习愿景的内部传播与共享，在企业内部形成对组织学习的一致认同，使整个企业充满一种好学的精神。企业需要鼓励员工不断质疑企业的惯例和程序，促使他们保持一种开放的心态进行学习。另外，这种组织学习不能仅仅局限于组织内部的知识积累和转化，还应该包括组织之间的交流、模仿和学习（贺小刚等，2006）。

第二节　理论贡献与研究局限

一、理论贡献

本书的工作和内容具有以下几个方面的学术意义：

（1）有关网络能力的内涵和构成，学者们并没有形成一致的观点。各位学者的不同研究目的和研究视角，使用的不同定义和测量维度，是导致网络能力的定义莫衷一是的直接原因。本书通过归纳和总结以往学者对网络能力的研究，并结合企业内外网络，提出了网络能力的四分模型，通过收集国内制造业企业的数据，验证了本书的网络能力模型。本书在前人研究的基础上提炼出网络能力的测量量表，通过多种统计方法检验了量表的信度和效度，检验效果良好。相对于一些关于网络能力单维度测量的研究，本书的四维测量更加全面，能够充分体现出网络能力的资格和任务层以及内部和外部网络管理能力的结构体系。

（2）历来的许多文献都对网络与企业创新的关系进行了研究，所得出的结论并不一致，有些认为网络对企业创新具有积极影响，有些认为网络限制了企业创新。针对这两种相反的结论，需要更全面、更准确地了解企业在网络环境下的创新路径，探寻网络环境下预测企业创新的前因变量。本书基于社会网络理论、知识管理理论和企业能力理论等，在网络能力与企业创新的关系中导入跨组织知识管理，为网络能力与企业创新的关系研究增添了一个新的理论视角。并且，基于组织学习理论提出了学习导向在网络能力与跨组织知识获取关系、网络能力与跨组织知识整合关系中的调节作用，解释了部分网络能力相近的企业有不同的跨组织知识管理能力的原因，并通过数据验证了其调节作用。

（3）以往对知识管理的研究多局限于组织内部，少有跨边界知识管理。本书基于知识管理理论，提出了跨组织知识管理的概念，通过回顾知识管理的过程，将跨组织知识管理分为跨组织知识获取和跨组织知识整合两个维度，并提出了跨组织知识获取和跨组织知识整合的测量量表，通过数据收集和统计检验，得出各项检验指标效果良好，最终获得了跨组织知识管理的测量量表。

二、研究局限

基于网络能力的企业创新研究，是一个在全球范围内普遍存在的有关企业生存和发展的课题。本书只是初涉该领域，由于时间有限，还存在许多不足，需要在今后的研究中进一步的探讨和完善。

（1）本书基于社会网络理论、知识管理理论和企业能力理论等，构建了"网络能力→跨组织知识管理→创新绩效"这一理论分析框架，但这种研究还只是初步的，对其是否存在其他中介变量还有待进一步探讨。

（2）由于时间和条件的限制，本书中采用的样本数据都是截面数据，截面数据相对于纵向数据而言，不能解决企业网络能力与创新绩效之间的动态关系。另外，更为严谨的因果关系是通过纵向研究来分析的，所以，还需要在企业不同的发展阶段对理论模型进行纵向研究。

（3）出于能够采集到真实数据的考虑，本书选取了四川、重庆、湖北、湖南、广东、广西和福建这七个有社会关系的省份来发放问卷，并以制造业企业为研究对象，虽然样本的数量达到了统计分析的要求，理论模型也得到了较好的验证，但无法涵盖我国其他省份的企业，还需要更大范围的调研。

第三节 未来研究展望

根据本书的局限，对未来研究方向的展望如下：

（1）Ritter 和 Gemünden（2003）通过研究发现，企业内部资源的配置、基于网络导向的人力资源管理、沟通结构的整合和开放的企业文化能够积极影响企业的网络能力①；Johnsen 和 Ford（2006）认为人力资源、技术系统、管理系统和文化系统影响着企业构建供应商和客户的交互能力②。由于以上学者的结论并不一致，加上网络自身的复杂性，因此，在我国经济转型背景下，需要识别和解释影响网络能力培育和提升的因素。在以后的研究中，需要针对该问题进行进一步的深入研究。

（2）出于研究需要，本书只选取了制造业企业为研究对象，并没有对不同行业间的企业进行比较研究。本书将研究重点放在了制造业企业上，得出了一些有价值的结论。由于制造业企业与其他行业的企业之间存在较大的差异，在后续的研究中，可以分行业进行比较研究，从而为不同行业的企业提供更有意义和价值的参考。

（3）本书在构建的理论模型中，加入了学习导向变量，检验了学习导向在网络能力与跨组织知识获取和跨组织知识整合关系中所起的调节作用，但没有考虑其他的变量，如外部环境、企业高层管理团队的能力等因素。因此，在后续的研究中，应该考虑加入其他的相关变量。

① Ritter T. , Gemünden H. G. . Network Competence：Its Impact on Innovation Success and Its Antecedents [J]. Journal of Business Research，2003（56）：745 – 755.

② Johnsen R. E. , Ford D. . Intefaction Capability Development of Smaller Suppliers in Relationships with Larger Customers [J]. Industrial Marketing Management, 2006, 35：1002 – 1015.

参考文献

［1］彼德·圣吉．第五项修炼——学习型组织的艺术与实务［M］．郭进隆译．上海：上海三联书店，1998.

［2］边燕杰，丘海雄．企业的社会资本及其功效［J］．中国社会科学，2000（2）：87－99，207.

［3］边燕杰．城市居民社会资本的来源及作用：网络观点与调查发现［J］．中国社会科学，2004（3）：136－146，208.

［4］边燕杰．社会网络与求职过程［A］//涂肇庆，林益民．改革开放与中国社会：西方社会学文献评述［M］．香港：牛津大学出版社（中国）有限公司，1999.

［5］蔡凤霞，陈莉平．社会资本视角下战略联盟的优势探源［J］．软科学，2005（5）：58－60.

［6］曹鹏，陈迪，李健．网络能力视角下企业创新网络机理与绩效研究——基于长三角制造业企业实证分析［J］．科学学研究，2009，27（11）：1742－1748.

［7］陈福添．知识整合研究：一种基于资源与能力的动态分析框架［J］．财贸研究，2006（4）：90－95.

［8］陈力，鲁若愚．企业知识整合研究［J］．科研管理，2003（3）：32－38.

［9］陈力，宣国良．跨功能知识整合对新产品开发绩效的影响［J］．科学学研究，2006，24（6）：921－928.

［10］陈小让．知识管理：知识经济时代企业管理的新趋势［J］．科技情报开发与经济，1998（6）：3－5.

［11］陈学光．网络能力、创新网络及创新绩效关系研究［D］．杭州：浙江大学博士学位论文，2007.

［12］丁蔚．从信息管理到知识管理［J］．情报学报，2000（2）：124－129.

［13］方刚．基于资源观的企业网络能力与创新绩效关系研究［D］．杭州：浙江大学博士学位论文，2008.

［14］冯海龙，焦豪．动态能力理论研究综述及展望［J］．科技管理研究，2007（8）：12－14，21.

［15］冯俊文．企业知识管理［J］．软科学，2000（1）：53－56.

［16］高巍，倪文斌．学习型组织知识整合研究［J］．哈尔滨工业大学学报（社会科学版），2005，7（3）：86－91.

［17］高巍，田也壮，姜振寰．企业知识整合研究现状与分析［J］．研究与发展管理，2004（5）：33－39.

［18］顾敏．知识管理与知识领航：新世纪图书馆学门的战略使命［J］．图书情报工作，2001，45（5）：7－12.

［19］顾新，郭耀煌，李久平．社会资本及其在知识链中的作用［J］．科研管理，2003，24（5）：44－48.

［20］韩珂．知识管理的核心理论体系及方法探究［M］．北京：中国水利水电出版社，2015.

［21］何深静，于涛方，方澜．城市更新中社会网络的保存和发展［J］．人文地理，2001，16（6）：36－39.

［22］贺小刚，李新春，方海鹰．动态能力的测量与功效：基于中国经验的实证研究［J］．管理世界，2006（3）：94－103，113，171.

［23］贺寨平．国外社会支持网研究综述［J］．国外社会科学，2001（1）：

76 – 81.

[24] 侯杰泰，温忠麟，成子娟．结构方程模型及其应用［M］．北京：教育科学出版社，2004.

[25] 黄芳铭．结构方程模式理论与应用［M］．北京：中国税务出版社，2005.

[26] 黄芳铭．社会科学统计方法学——结构方程模式［M］．台北：五南图书出版社，2005.

[27] 黄江圳，谭力文．从能力到动态能力：企业战略观的转变［J］．经济管理，2002（22）：13 – 17.

[28] 黄旭．战略管理思维与要径［M］．邓方译．北京：机械工业出版社，2007.

[29] 黄蕴洁，刘冬荣．知识管理对企业核心能力影响的实证研究［J］．科学学研究，2010，28（7）：1052 – 1059.

[30] 简兆权，吴隆增，黄静．吸收能力、知识整合对组织创新和组织绩效的影响研究［J］．科研管理，2008，29（1）：80 – 86，96.

[31] 简兆权，占孙福．吸收能力、知识整合与组织知识及技术转移绩效的关系研究［J］．科学学与科学技术管理，2009，30（6）：81 – 86.

[32] 柯江林，石金涛．驱动员工知识转移的组织社会资本功能探讨［J］．科技管理研究，2006（2）：144 – 149.

[33] 科尔曼．社会理论的基础［M］．北京：社会科学文献出版社，1990.

[34] 库珀，辛德勒．商业研究方法［M］．郭毅，詹志俊译．北京：中国人民大学出版社，2006.

[35] 乐国安，薛婷．网络集群行为的理论解释模型探索［J］．南开学报（哲学社会科学版），2011（5）：116 – 123.

[36] 李大伟．经济赶超理论的历史演变及其当代启示［D］．西安：陕西师范大学硕士学位论文，2017.

[37] 李纲．企业网络结构与知识获取的关系模型［J］．技术经济与管理研

究, 2010 (1)：59 - 61.

[38] 李国强等. 企业网络能力对双元创新的影响机制——企业间网络位置跃迁视角 [J]. 科技进步对策, 2019 (13)：81 - 88.

[39] 李怀祖. 管理研究方法论 [M]. 西安：西安交通大学出版社, 2004.

[40] 李晶钰, 沈灏. 不同竞合情景下企业知识获取和绩效关系的研究 [J]. 科研管理, 2009, 30 (5)：139 - 146.

[41] 李玲. 企业网络能力与企业知识获取的实证分析 [J]. 统计与信息论坛, 2009, 24 (8)：81 - 85.

[42] 李正卫. 动态环境条件下的组织学习与企业绩效 [D]. 杭州：浙江大学博士学位论文, 2003.

[43] 林聚任. 社会网络分析：理论、方法与应用 [M] 北京：北京师范大学出版社, 2009.

[44] 林南, 俞弘强. 社会网络与地位获得 [J]. 马克思主义与现实, 2003 (2)：46 - 59.

[45] 林文宝. 技术知识整合、知识能量与组织学习对核心竞争力及创新绩效关联性及研究 [D]. 台湾成功大学企业管理研究所博士学位论文, 2001.

[46] 刘清华. 企业网络中关系性交易治理机制及其影响研究 [D]. 杭州：浙江大学博士学位论文, 2003.

[47] 卢谢峰, 韩立敏. 中介变量、调节变量与协变量——概念、统计检验及其比较 [J]. 心理科学, 2007, 30 (4)：934 - 936.

[48] 罗珉, 刘永俊. 企业动态能力的理论架构与构成要素 [J]. 中国工业经济, 2009 (1)：75 - 86.

[49] 马刚. 基于战略网络视角的产业区企业竞争优势实证研究 [D]. 杭州：浙江大学博士学位论文, 2005.

[50] 马鸿佳, 董保宝, 葛宝山. 高科技企业网络能力、信息获取与企业绩效关系实证研究 [J]. 科学学研究, 2010, 28 (1)：127 - 132.

[51] 马庆国. 管理统计 [M]. 北京：科学出版社, 2002.

［52］潘安成，邹媛春．组织忘记、组织学习与企业动态能力［J］．科研管理，2010，31（1）：33-37，45.

［53］钱炜源．知识管理系统中个性化知识检索研究［D］．合肥：合肥工业大学硕士学位论文，2007.

［54］钱锡红，徐万里，杨永福．企业网络位置、间接联系与创新绩效［J］．中国工业经济，2010（2）：78-88.

［55］邱均平，段宇峰．论知识管理与竞争情报［J］．图书情报工作，2000（4）：11-14.

［56］任皓，邓三鸿．知识管理的重要步骤——知识整合［J］．情报科学，2002（6）：650-653.

［57］任胜钢，宋迎春，王龙伟等．基于企业内外部网络视角的创新绩效多因素影响模型与实证研究［J］．中国工业经济，2010（4）：100-109.

［58］任胜钢．企业网络能力结构的测评及其对企业创新绩效的影响机制研究［J］．南开管理评论，2010，13（1）：69-80.

［59］芮明杰，陈晓静．隐性知识创新与核心竞争力的形成关系的实证研究［J］．研究与发展管理，2006（6）：15-22，50.

［60］芮明杰，邓少军．产业网络环境下企业跨组织知识整合的内在机理［J］．当代财经，2009（1）：69-75.

［61］沈群红，封凯栋．组织能力、制度环境与知识整合模式的选择——中国电力自动化行业技术集成的案例分析［J］．中国软科学，2002（12）：81-88.

［62］世界经济合作与发展组织．以知识为基础的经济［M］．北京：机械工业出版社，1997.

［63］孙国强．关系、互动与协同：网络组织的治理逻辑［J］．中国工业经济，2003（11）：14-20.

［64］孙颖．低信任下企业网络能力对服务创新绩效的影响研究［D］．天津：天津大学博士学位论文，2009.

［65］孙永风，廖貅武，李垣．转型背景下中国企业基于社会资本的知识管

理研究 [J]. 中国工业经济, 2008 (3): 118-126.

[66] 王三义, 谢铁山. 企业间知识转移影响要素分析中州学刊 [J]. 2007 (2): 58-60.

[67] 王众托. 关于知识管理若干问题的探讨 [J]. 管理学报, 2004 (1): 18-24.

[68] 王众托. 知识系统工程 [M]. 北京: 科学出版社, 2004.

[69] 韦于莉. 知识获取研究 [J]. 情报杂志, 2004 (4): 41-43.

[70] 温忠麟, 侯杰泰, 张雷. 调节效应与中介效应的比较和应用 [J]. 心理学报, 2005, 37 (2): 268-274.

[71] 温忠麟, 吴艳. 潜变量交互效应建模方法演变与简化 [J]. 心理科学进展, 2010, 18 (8): 1306-1313.

[72] 温忠麟, 张雷, 侯杰泰, 刘红云. 中介效应检验程序及其应用 [J]. 心理学报, 2004, 36 (5): 614-620.

[73] 乌家培. 知识管理与信息管理 [N]. 中国改革报, 1998-11-18 (6).

[74] 吴海滨, 李垣, 谢恩. 战略联盟不稳定性的研究现状与展望 [J]. 科研管理, 2004 (5): 46-51.

[75] 吴明隆. 结构方程模型——AMOS 的操作与应用 [M]. 重庆: 重庆大学出版社, 2009.

[76] 吴晓冰. 集群企业创新网络特征、知识获取及创新绩效关系研究 [D]. 杭州: 浙江大学博士学位论文, 2009.

[77] 吴晓波, 韦影. 制药企业技术创新战略网络中的关系性嵌入 [J]. 科学学研究, 2005, 23 (4): 561-565.

[78] 伍满桂. 创业企业网络动态能力与创新社会网络沃度研究 [D]. 杭州: 浙江大学博士学位论文, 2008.

[79] 谢富纪, 徐恒敏. 知识、知识流与知识溢出的经济学分析 [J]. 同济大学学报 (社会科学版), 2001, 12 (2): 54-57.

[80] 谢洪明，王成，王琪．知识整合：内部社会资本和组织文化作用——华南地区企业的实证研究 [J]．科学管理研究，2006 (4)：65 - 69，77.

[81] 谢卫红．网络关系强度与企业技术创新关系实证研究 [J]．科学学与科学技术管理，2015 (5)：62 - 73.

[82] 邢小强，全允桓．创新视角下的企业网络能力与技术能力关系研究 [J]．科学学与科学技术管理，2007 (12)：182 - 186.

[83] 邢小强，全允桓．网络能力：概念、结构与影响因素分析 [J]．科学学研究，2006 (S2)：558 - 563.

[84] 徐金发，许强，王勇．企业的网络能力剖析 [J]．外国经济与管理，2001 (11)：21 - 25.

[85] 许冠南．关系嵌入性对技术创新绩效的影响研究——基于探索型学习的中介机制 [D]．杭州：浙江大学博士学位论文，2008.

[86] 姚遂，陈卓淳．社会资本概念：一个经济学的分析 [J]．发展经济学论坛，2007 (1)：1 - 10.

[87] 叶昕，丁烈云．论社会网络结构理论对战略技术联盟的影响 [J]．外国经济与管理，2004 (10)：20 - 24，48.

[88] 约瑟夫·熊彼特．经济发展理论 [M]．何畏，易家详译．上海：商务印书馆，1991.

[89] 张方华，陈劲．知识创造——企业知识管理的核心 [J]．科学学与科学技术管理，2002 (10)：36 - 40.

[90] 张方华．知识型企业的社会资本与技术创新绩效研究 [D]．杭州：浙江大学博士学位论文，2004.

[91] 张君立．网络能力对新创企业资源构建的影响研究 [D]．长春：吉林大学博士学位论文，2008.

[92] 张其仔．社会网与基层经济生活——晋江市西滨镇跃进村案例研究 [J]．社会学研究，1999 (3)：3 - 5.

[93] 张庆普，单伟．企业知识转化过程中的知识整合 [J]．经济理论与经

济管理，2004（6）：47-51.

　　［94］张文宏．社会资本：理论争辩与经验研究［J］．社会学研究，2003（4）：23-35.

　　［95］张文贤．人力资本［M］．成都：四川人民出版社，2008.

　　［96］赵杰．基于价值链的社会网络管理［J］．改革与理论，2003（7）：56-58.

　　［97］赵爽．基于网络能力的企业绩效提升路径研究［D］．大连：大连理工大学博士学位论文，2009.

　　［98］赵修卫．组织学习与知识整合［J］.科研管理，2003，24（3）：52-57.

　　［99］郑景华，汤宗益．知识整合能力模式之研究［J］．Journal of Information，Technology and Society（中国台湾），2004（1）：19-45.

　　［100］周浩，龙立荣．共同方法偏差的统计检验与控制方法［J］．心理科学进展，2004，12（6）：942-950.

　　［101］周敏．跨组织知识管理理论与方法研究［D］．武汉：武汉理工大学博士学位论文，2006.

　　［102］周小虎．企业社会资本与战略管理——基于网络结构观点的研究［M］.北京：人民出版社，2006.

　　［103］朱晓琴．后危机时代企业管理创新探析［N］．人民日报，2010-11-5（7）.

　　［104］朱秀梅，陈琛，蔡莉．网络能力、资源获取与新企业绩效关系实证研究［J］．管理科学学报，2010a，13（4）：44-56.

　　［105］朱秀梅，陈琛，杨隽萍．新企业网络能力维度检验及研究框架构建［J］．科学学研究，2010b，28（8）：1222-1229.

　　［106］Adler P. S.，Kwon S. W..Social Capital：Prospects for a New Concept［J］.Academy of Management Review，2002，27（1）：17-40.

　　［107］Adomasko S.，Danso A.，Boso N.，et al..Entrepreneurial Alert-ness and New Venture Performance：Facilitating Roles of Networking Capability［J］.International Small Business Journal, 2018, 36 (5): 453 – 472.

[108] Ahuja G.. The Duality of Collaboration: Inducements and Opportunities in the Formation of Interfirm Linkages [J]. Strategic Management Journal, 2000 (21): 317 – 343.

[109] Alavi M., Tiwana A.. Knowledge Integration in Virtual Teams: The Potential Role of KMS [J]. Journal of the American Society for Information Science and Technology, 2002, 53 (12): 1029 – 1037.

[110] Aldrich H. E., Zimmer C.. Entrepreneurship through Social Networks [J]. The Art and Science of Entrepreneurship, 1986 (1): 3 – 23.

[111] Aldrich H. E, Rosen B., Woodward W.. The Impact of Social Network on Business Founding and Profit: A Longitudinal Study [J]. Frontiers of Entrepreneurship Research, 1987 (7): 68.

[112] Allamsdottir A., Bonaccorsi A., Gambardella A., et al.. Innovation and Competitiveness in European Biotechnology [R]. Brussels: European Commission, 2002.

[113] Amabile T. M., Conti R., Coon H., et al.. Assessing the Work Environment for Creativity [J]. Academy of Management Journal, 1996, 39 (5): 1154 – 1184.

[114] Amidon D. M.. The Evolving Community of Knowledge Practice: The Ken Awakening [J]. International Journal of Technology Management, 1998, 16 (3): 45 – 63.

[115] Anand B. N., Khanna T.. Do Firms Learn to Create Value? The Case of Alliances [J]. Strategic Management Journal, 2000, 21 (3): 295 – 315.

[116] Andersen A.. The Knowledge Management Assessment Tool (KMAT) [M]. London: Arthur Andersen KMAT Study, 1996.

[117] Anderson J. C., Hakansson H., Johanson J.. Dyadic Business Relationships within a Business Network Context [J]. Journal of Marketing, 1994, 58 (10):

1 - 15.

[118] Argote L. , Beckman S. L. , Epple D.. The Persistence and Transfer of Learning in Industrial Settings [J] . Management Science, 1990, 36 (2): 140 - 154.

[119] Argote L. , McEvily B. , Reagans R.. Managing Knowledge is Organizations: An Integrative Framework and Review of Emerging Themes [J] . Management Science, 2003, 49 (4): 571 - 582.

[120] Argyris S.. Organizational Learning: A Theory of Action Perspective [M] . Massachusetts: Addison - Wesley, 1978.

[121] Atuahene - Gima k. , Murray J. Y.. Exploratory and Exploitative Learning in New Product Development: A Social Capital Perspective on New Technology Ventures in China [J] . Joumal of Intemational Marketing, 2007, 15 (2): 1 - 29.

[122] Avlonitis G. J. , Tzokas N.. Assessing the Innovativeness of Organizations and its Antecedents: Project Innovstrat [J] . European Journal of Marketing, 1994, 28 (11): 5 - 28.

[123] Bagozzi R. P. , Yi Y.. On the Evaluation of Structural Equation Models [J] . Journal of the Academy of Marketing Science, 1988, 16 (1) : 74 - 94.

[124] Baker W.. Market Networks and Corporate Behavior [J] . American Journal of Sociology, 1990 (96): 589 - 625.

[125] Barney J.. Firm Resources and Sustained Competitive Advantage [J] . Journal of Management, 1991, 17 (1): 99 - 120.

[126] Baron R. A. , Markman G. D.. Beyond Social Capital: The Role of Entrepreneurs' Social Competence in Their Financial Success [J] . Journal of Business Venturing, 2003, 18 (1) : 41 - 60.

[127] Baron R. M. , Kenny D. A.. The Moderator - mediator Variable Distinction in Social Psychological Research: Conceptual, Strategic, and Statistical Considerations [J] . Journal of Personality and Social Psychology, 1986 (51): 1173 - 1182.

［128］ Bassi. Harnessing the Power of Intellectual Capital ［J］. Training & Development, 1997 (12): 51.

［129］ Batjargal B. , Liu M.. Entrepreneurs' Access to Private Equity in China: The Role of Social Capital ［J］. Organization Science, 2004, 15 (2) : 159 – 172.

［130］ Beekman. A Methodology for Knowledge Management ［C］. International Association of Science and Technology for Development (IASTED) AL and soft computing conference, Banff Canada, 1997.

［131］ Bender S. , Fish A.. The Transfer of Knowledge and the Retention of Expertise: The Continuing Need for Global Assignments ［J］. Journal of Knowledge Management, 2000, 4 (2): 125 –137.

［132］ Bentler P. M.. EQS: Structural Equations Program Manual ［M］. Los Angeles: BMDP Statistical Software, 1989.

［133］ Berends H. , Vanhaverbeke W. , Kirschbaum R.. Knowledge Management Challenges in New Business Development: Case Study Observation ［J］. Journal of Engineering and Technology Management, 2007, 24 (4) : 314 –328.

［134］ Bhide A.. The Origin and Evolution of New Businesses ［M］. New York : The Oxford University Press, 1999.

［135］ Bian Y. J.. Guan Xi and the Allocation of Jobs in Urban China ［J］. The China Quarterly, 1994 (140): 1971 –1999.

［136］ Blyler M. , Coff R. W.. Dynamic Capabilities, Social Capital, and Rent Appropriation: Ties that Split the Pies ［J］. Strategic Management Journal, 2003, 24 (7): 677 –686.

［137］ Boland, R. , Tenkasi, R.. Perspective Making and Perspective Taking in Communities of Knowing ［J］. Organization Science, 1995 (6): 350 –372.

［138］ Bonner J. M. , Kim D. , Cavusgil S. T.. Self – Perceived Strategic Network Identity and Its Effects on Market Performance in Alliance Relationships ［J］. Journal of Business Research, 2005 (58): 1371 –1380.

[139] Borgatti S. P., Cross R.. A relational View of Information Seeking and Learning in Social Networks [J]. Management Science, 2003, 49 (4): 432 – 445.

[140] Bourdieu P.. The Forms of Capital [A] //J. G. Richardson. Handbook of Theory and Reseach for the Sociology of Education [M]. New York: Greenword press, 1986.

[141] Boynton A. C., Gales L. M., Blackburn R. S. Managerial Search Activity: The Impact of Perceived Role Uncertainty and Role Threat [J]. Journal of Management, 1993 (19): 725 – 747.

[142] Brass D. J., Butterfield K. D., Skaggs B. C.. Relationships and Unethical Behavior: A Social Network Perspective [J]. Academy of Management Review, 1998 (23): 14 – 31.

[143] Breckler S. J.. Applications of Convariance Structure Modeling in Psychology: Cause for Concern? [J]. Psychoogical Bulletin, 1990 (107): 260 – 273.

[144] Brehm J., Rahn W.. Lndividual – level Evidence for the Causes and Consequences of Soeial Capital [J]. American Journal of Political Seienee, 1997, 41 (3): 999 – 1023.

[145] Brown T F.. Theoretical Perspeties on Social Capital [EB/OL]. http://hal. lamar. edu/. 1997.

[146] Buchanan B. G., Barstow D., Bechtal R., et al.. Constructing an Expert System [M]. Massachusetts: Addison – Wesley, 1983.

[147] Burt R. S.. Structural Holes: The Social Structure of Competition [M]. Cambridge: Harvard University Press, 1992.

[148] Burt R. S.. The Contingent Value of Social Capital [J]. Administrative Science Quarterly, 1997 (42): 339 – 365.

[149] Burt. R. S.. The Network Structure of Social Capital [J]. Research in Organizational Behavior, 2000 (22): 345 – 423.

[150] Bustamante G. P.. Knowledge Management in Agile Innovative Organiza-

tions [J] . Journal of Knowledge Management, 1999, 3 (1): 6 – 17.

[151] Butler J. E. , Hansen G. S. . Network Evolution, Entrepreneurial Success and Regional Development [J] . Entre Preneurship and Regional Development, 1991 (3): 1 – 16.

[152] Calantone R. J. , Cavusgil S. T. , Zhao Y. S. . Learning Orientation, Firm Innovation Capability, and Firm Performance [J] . Industrial Marketing Management, 2002, 31 (6): 515 – 524.

[153] Carmines E. G. , Mclver J. P. . Analyzing Models with Observable Variables [A] //G. W. Bohrnstedt, E. F. Borgatta. Social Measurement: Current Issues [M] . Beverly Hills, CA: Sage, 1981.

[154] Chaharbaghi K. , Newman V. . Innovating: Towards an Integrated Learning Model [J] . Management Decision, 1996, 34 (4): 5 – 13.

[155] Chen J. , Chen Y. , Vanhaverbeke W. . The Influence of Scope, Depth, and Orientation of External Technology Sources on the Innovative Performance of Chinese Firms [J] . Technovation, 2011, 31 (8): 0 – 373.

[156] Chesbrough H. , Vanhaverbeke W. , West J. . Open Innovation: Researching a New Paradigm [M] . London: Oxford University Press, 2006.

[157] Chiles T. , McMackin J. . Integrating Variable Risk Preferences, Trust, and Transaction Cost Economics [J] . Academy of Management Review, 1996, 21 (1): 73 – 99.

[158] Chiu C. M. , Hsu M. H. , Wang E. T. G. . Understanding Knowledge Sharing in Virtual Communities: An Integration of Social Capital and Social Cognitive Theories [J] . Decision Support Systems, 2006, 42 (3): 1872 – 1888.

[159] Chiu Y. T. H. . How Network Competence and Network Location Influence Innovation Performance [J] . Journal of Business and Industrial Marketing, 2009, 24 (1): 46 – 55.

[160] Christine Greenhalgh, Mark Rogers. The Value of Innovation: The Interac-

tion of Competition, R&D and IP [J] . Research Polity, 2006 (35): 562 – 580.

[161] Chu Z. Y.. Fundamentals of Chinese Medicine [M] . Translated and Amended by Nigel Wiseman and Andrew Ells. New Mexico: Pradigm Publications, 1996.

[162] Chung S., Singh H., Lee K.. Complementarity, Status Similarity and Social Capital as Drivers of Alliance Formation [J] . Strategic Management Journal, 2000, 21 (1): 1 – 22.

[163] Churchill G. A.. A Paradigm for Developing Better Measures of Marketing Constructs [J] . Journal of Marketing Research, 1979, 16 (1): 64 – 73.

[164] Clark K. B., Fujimoto T.. The Power of Product Integrity [J] . Harvard Business Review, 1990, 68 (6): 107 – 118.

[165] Clarysse B., Moray N.. A Process Study of Entrepreneurial Team Formation: The Case of a Research – based Spin – off [J] . Journal of Business Venturing, 2004, 19 (1): 55 – 79.

[166] Cohen W. M., Levinthal D. A.. Innovation and Learning: The Two Faces of R & D [J] . The Economic Journal, 1989, 99 (397): 569 – 596.

[167] Cohen W. M., Levinthal D. A.. Absorptive Capability: A New Perspective on Learning and Innovation [J] . Administrative Science Quarterly, 1990, 35 (1): 128 – 152.

[168] Collis D. J.. Research Note: How Valuable are Organizational Competence [J] . Strategic Management Journal, 1994, 15 (1): 143 – 152.

[169] Conner K. R., Prahalad C. K.. A Resource – based Theory of the Firm: Knowledge Versus Opportunism [J] . Organization Science, 1996, 7 (5): 477 – 501.

[170] Cooper J. R.. A Multidimensional Approach to the Adoption of Innovation [J] . Management Decision, 1998, 36 (8): 493 – 502.

[171] Cumming B. S.. Innovation Overview and Future Challenges [J] . Euro-

pean Journal of Innovation Management, 1998, 1 (1): 21 – 29.

[172] Daft R. L., Lengel R. H.. Organizational Information Requirements, Media Richness and Structural Design [J] . Management Science, 1986, 32 (5): 554 – 571.

[173] Damanpour F.. Organizational Innovation: A Meta – analysis of Effects of Determinants and Moderators [J] . Academy of Management Journal, 1991, 34 (3): 555 – 590.

[174] Das T. K., Teng B.. A Risk Perception Model of Alliance Structuring. J. Int. Manage. , 2011, 7 (1): 1 – 29.

[175] Davenport T. H., Delong D. W., Beers M. C.. Successful Knowledge Management Projects [J] . Sloan Management Review, 1998, 39 (2): 43 – 57.

[176] Davenport T. H., Prusak L.. Working Knowledge: How Organizations Manage What they Know [M] . Boston: Harvard Business School Press, 1998.

[177] Davis B. R., Mentzer J. T.. Logistics Service Driven Loyalty: An Exploratory Study. Journal of Business Lsgistics, 2006, 27: 53 – 73.

[178] Day G. S.. Learning about Markets [M] . Cambridge: Marketing Science Institute, 1991.

[179] Day G. S.. The Capabilities of Market – Driven Organizations [J] . Journal of Marketing, 1994, 58 (4): 37 – 52.

[180] De Boer M., Bosch F. A. J., Volberda H. W.. Managing Organizational Knowledge Integration in the Emerging Multimedia Complex [J] . Journal of Management Studies, 1999, 36 (3): 379 – 398.

[181] Demsetz H.. The Nature of the Firm [M] . New York: Oxford University Press, 1991.

[182] Dess G. G., Beard D. W.. Dimensions of Organizational Task Environments [J] . Administrative Science Quarterly, 1984 (29): 52 – 73.

[183] Dong A.. The Latent Semantic Approach to Studying Development Team

Communication [J] . Design Studies, 2005, 26 (5): 445 – 461.

[184] Dougherty D.. Interpretive Barriers to Successful Product Innovation in Large Firms [J] . Organization Science, 1992, 3 (2): 179 – 202.

[185] Doving E. , Gooderham P. N.. Dynamic Capabilities as Antecedents of the Scope of Related Diversification: The Case of Small Firm Accountancy Practices [J] . Strategic Management Journal, 2008 (29): 841 – 857.

[186] Drucker P. F.. Post – Capitalist Society [M] . London: Oxford, Butterworth Heinemann, Harper Business, 1993.

[187] Dubois G.. Spatial Interpolation Comparison 97: Foreword and Introduction [J] . Journal of Geographic Information and Decision Analysis, 1998, 2: 1 – 11.

[188] Dyer J. H. , Nobeoka K.. Creating and Managing a High – performance Knowledge – sharing Network: The Toyota Case [J] . Strategic Management Journal, 2000, 21 (3): 345 – 368.

[189] Dyer J. H. , Singh H.. The Relational View: Cooperative Strategy and Sources of Interorganizational Competitive Advantage [J] . Academy of Management Review, 1998, 23 (4) : 660 – 679.

[190] Edmondson A. C. , Nembhard I. M.. Product Development and Learning in Project Teams: The Challenges are the Benefits [J] . Journal of Product Innovation Management, 2009, 26 (2): 123 – 138.

[191] Eisenhardt K. M. , Martin J. A.. Dynamic Capabilities: What are they? [J] . Strategic Management Journal, 2000, 21 (10/11): 1105 – 1121.

[192] E. Maise. Knowledge Management Takes Industry's Center Stage [J] . Computer Reseller News. 1998 (4) : 776.

[193] Fischer M. M. , Varga A.. Technological Innovation and Interfirm Cooperation: An Exploratory Analysis Using Survey Data from Manufacturing Firms in the Metropolitan Region of Vienna [J] . International Journal of Technology Management, 2002, 24 (7/8): 724 – 742.

［194］ Francis Fukuyama. EI Capital Socialy la economia mundial ［J］. Politica Exterior, 1995, 9 (47): 77 –89.

［195］ Frappuolo C.. Defining Knowledge Management: Four Basic Functions ［J］. Computer World, 1998 (32): 80.

［196］ Fu P. P., Tsui A. S., Gregory G.. The Dynamics of Guanxi in Chinese Hightech Firms: Implications for Knowledge Management and Decision Making ［J］. Management International Review, 2006, 46 (3): 277 –305.

［197］ Galaskiewicz J., Zaheer A.. Networks of Competitive Advantage ［J］. Research in the Sociology of Organizations, 1999, 16 (1): 237 –261.

［198］ Garcia R., Calantone R.. A Critical Look at Technological Innovation Typology and Innovativeness Terminology: A Literature Review ［J］. Journal of Product Innovation Management, 2002, 19 (2): 110 –132.

［199］ Garud R., Nayyar P. R.. Transformative Capability: Continual Structuring by Intertemporal Technology Transfer ［J］. Strategic Management Journal, 1994, 15 (5): 365 –386.

［200］ Ghosh M., John G.. Governance Value Analysis and Marketing Strategy ［J］. Journal of Marketing, 1999 (3): 131 –45.

［201］ Grandori A.. Organization and Economic Behaviour ［M］. London: Routledge, 2001.

［202］ Granovetter M. S.. The Strength of Weak Ties ［J］. American Journal of Sociology, 1973 (78): 1360 –1380.

［203］ Granovetter M.. Economic Action, Social Structure: Embeddedness ［J］. American Journal of Sociology, 1985, 91 (3): 481 –510.

［204］ Granovetter M.. The Economic Sociology of Firms and Entrepreneurs. Entrepreneurship: The Social Science View ［M］. New York: Oxford University. Press, 2000.

［205］ Granovetter M.. The Strength of Weak Ties: A Network Theory Revisited

[J] . Sociological Theory, 1983 (1): 201 - 233.

[206] Grant R. M.. Prospering in Dynamically - competitive Environments: Organizational Capability as Knowledge Integration [J] . Organization Science, 1996, 7 (4): 375 - 387.

[207] Greve A., Salaff J. W.. Social Networks and Entrepreneurship [J] . Entrepreneurship Theory and Practice, 2003, 28 (1): 1 - 22.

[208] Griffin A., page A. L.. An Interim Report on Measuring Product Development Success and Failure [J] . Journal of Product Innovation Management. 1993, 10 (4): 281 - 308.

[209] Gulati R., Nohria N., Zaheer A.. Strategic Networks [J] . Strategic Management Journal, 2000, 21 (3): 203 - 215.

[210] Gulati R., Singh H.. The Architecture of Cooperation: Managing Coordination Uncertainty and Interdependence in Strategic Alliances [J] . Adminnistrative Science Quarterly, 1998, 43 (4): 781 - 814.

[211] Gulati R.. Alliances and Networks [J] . Strategic Management Journal, 1998, 19 (4): 293 - 317.

[212] Gulati R.. Does Familiarity Breeds Trust? The Implications of Repeated Ties on Contractual Choice in Alliances [J] . Academy of Management Journal, 1995, 38 (1) : 85 - 112.

[213] Gulati R.. Network Location and Learning: The Influence of Network Resources and Firm Capabilities on Alliance Formation [J] . Strategic Management Journal, 1999 (20): 397 - 420.

[214] Guralnik D. B.. Webster's New World Dictionary of The American Language [M] . New York: World Publishing, 1972.

[215] G. Hamel, C. K. Prahalad. Competing for the Future [M] . Cambridge: Harvard Business School Press, 1994.

[216] Hagedoorn J., Cloodt M.. Measuring Innovative Performance: Is there an

Advantage in Using Multiple Indicators? [J] . Research Policy, 2003, 32 (8):
1365 – 1379.

[217] Hair J. F. , Black W. C. , Babin B. J. , et al. . Multivariate Data Analysis [M] . New Jersey: Prentice Hall, 2009.

[218] Hakansson H. . Industrial Technological Development: A Network Approach [M] . London: Croom Helm, 1987.

[219] Hamel G. , Prahalad C. K. . Competing for the Future [J] . Harvard Business Review, 1994, 72 (4): 122 – 128.

[220] Hamel G. . Competition for Competence and Interpartner Learning within International Strategic Alliances [J] . Strategic Management Journal, 1991 (12):
83 – 103.

[221] Hansen M. T. . Knowledge Networks: Explaining Efective Knowledge Sharing in Muhiunit Companies [J] . Organization Science, 2002, 13 (3): 232 –248.

[222] Hargadon A. B. , Sutton R. I. . Technology Brokering and Innovation in a Product Development Firm [J] . Adminnistrative Science Quarterly, 1997, 42 (4) :
716 –749.

[223] Harris L. , Coles A. M. , Dickson K. . Building Innovation Networks: Issues of Strategy and Expertise [J] . Technology Analysis and Strategic Management,
2000, 12 (2): 229 –241.

[224] Gunnar, H. , Ikjurio, N. Models of Knowledge Management in the West and Japan [M] . London: Basil Blackwell, 1993.

[225] Henderson R. , Clark K. B. . Architectural Innovation: The Reconfiguration of Existing Product Technologies and the Failure Ofestablished firms [J] . Administrative Science Quarterly, 1990, 35 (1): 9 – 30.

[226] Henderson R. . The Evolution of lntegrative Capability: Innovation in Cardiovascular Drug Discovery [J] . Industrial and Corporate Change, 1994, 3 (3):
607 – 630.

[227] Hill C. W. L. , Rothaermel F. T.. The Performance of Incumbent Firms in the Face of Radical Technological Innovation [J] . Academy of Management Review, 2003, 28 (2): 257 – 274.

[228] Hine D. , Ryan N.. Small Service Firms – creating Value through Innovation [J] . Managing Service Quality, 1999, 9 (6): 411 – 422.

[229] Hinkin T. R.. A Review of Scale Development Practices in the Study of Organizations [J] . Journal of Management, 1995, 21 (5): 967 – 988.

[230] Hite J. M. , Hesterly W. S.. The Evolution of Firm Networks: From Emergence to Early Growth of the Firm [J] . Strategic Management Journal, 2001 (22): 275 – 286.

[231] Hoang H. , Antoncic B.. Network – based Research in Entrepreneurship: A Critical Review [J] . Journal of Business Venturing, 2003, 18 (2): 165 – 187.

[232] Holsapple C. W. , Singh M.. The Knowledge Chain Model: Activities for competitiveness [J] . Expert Systems with Applications, 2001, 20 (1): 77 – 98.

[233] Hout M. , Ronald I.. Modernization and Post – modernization: Cultural, economic, and Political Change in Forty – three Societies [J] . Contemporary Sociology, 1998, 27 (2): 190.

[234] Huang J. C. , Newell S.. Knowledge Integration Process and Dynamics within the Context of Cross – functional Projects [J] . International Journal of Project Management, 2003, 21 (3): 167 – 176.

[235] Huber G. P.. Organizational Learning: The Contributing Processes and the Litertures [J] . Organization Science, 1991, 2 (1): 88 – 115.

[236] Huseman R. , Goodman J.. Leading with Knowledge [M] . London: Sage, 1999.

[237] Iansiti M. , Clark K. B.. Integration and Dynamic Capability: Evidence from Product Development in Automobiles and Mainframe Computers [J] . Industrial and Corporate Change, 1994, 3 (3): 557 – 605.

［238］ Iansiti M. , West J.. Technology Integration: Turning Great Research into Great Products ［J］. Harvard Business Review, 1997, 75 （6）: 69 – 79.

［239］ Inkpen A. C.. Creating Knowledge through Collaboration ［J］. California Management Review, 1996, 39 （1）: 123 – 140.

［240］ James L. R. , Brett J. M.. Mediators, Moderators and Tests for Mediation ［J］. Journal of Applied Psychology, 1984, 69 （2）: 307 – 321.

［241］ Jaworski B. J. , Kohli A. K.. Market Orientation: Antecedents and Consequences ［J］. Journal of Marketing, 1993, 57 （3）: 53 – 71.

［242］ Jayachandran S. , Hewett K. , Kaufman P.. Customer Response Capabilities in a Sense – and – respond Era: The Role of Customer Knowledge Process ［J］. Journal of the Academy of Marketing Science, 2004, 32 （3）: 219 – 233.

［243］ Jayanth J. , Surya P.. A Holistic View of Knowledge Integration in Collaborative Supply Chains ［J］. International Journal of Production Research, 2013, 51 （7）: 1958 – 1972.

［244］ Johannessen J. A. , Olsen B. , Olaisen J.. Aspects of Innovation Theory Based on Knowledge – management ［J］. International Journal of Information Management, 1999, 19 （2）: 121 – 139.

［245］ Johannisson B.. Network Strategies: Management Technology for Entrepreneurship and Change ［J］. International Small Business Journal, 1986, 5 （1）: 19 – 30.

［246］ Johanson J. , Mattsson L. G.. Internationalisation in Industrial Systems: A Network Approach ［A］ //Hood N. and Vahlne J. E. Strategies in Global Competition ［M］. London: Croom Helm, 1988.

［247］ Johne A.. Successful Market Innovation ［J］. European Journal of Innovation Management, 1999, 2 （1）: 6 – 11.

［248］ Johnsen R. E. , Ford D.. Intefaction Capability Development of Smaller Suppliers in Relationships with Larger Customers ［J］. Industrial Marketing Management, 2006, 35 (8): 1002 – 1015.

[249] Joreskog K. G.. Basic Ideas of Factor and Component Analysis [A] // Joreskog K. G. and Sorbom D. Advances in Factor Analysis and Structural Equation Models [M]. University Press of America, New York, 1979.

[250] J. Hagedoorn, M. Cloodt. Measuring Innovative Performance: Is there an Advantage in Using Multiple Indicators? [J]. Research Policy, 2003, 32 (8): 1365 – 1379.

[251] Kaiser H. F.. A Second Generation Little Jiffy [J]. Psychometrika, 1970, 35 (4): 401 – 415.

[252] Kale P., Singh H.. Building Alliance Capabilities: A Knowledge – based Approach [C]. Illinois: Academy of Management, 1999.

[253] Kale P., Dyer J. H., Singh H.. Alliance Capability, Stock Market Response, and Long – term Alliance Success: The Role of The Alliance Function [J]. Strategic Management Journal, 2002, 23 (8): 747 – 767.

[254] Karl – Erik S.. The New Organizational Wealth: Managing and Measuring Knowledge – based Assets [M]. San Francisco: Berrett – Koehler Publishers, 1997.

[255] Kilduff M., Tsai W.. Social Nerworks and Organizations [J]. The Academy of Management Reriew, 2005, 30 (1): 207 – 209.

[256] Klein K. J., Sorra J. S.. The Challenge of Innovation Implementation [J]. Academy of Management Review, 1996, 21 (4): 1055 – 1088.

[257] Kleinsmann M. S.. Understanding Collaborative Design [D]. Delft Delft University of Technology, 2006.

[258] Kleinsmann M., Buijs J., Valkenburg R.. Understanding the Complexity of Knowledge Integration in Collaborative New Product Development Teams: A Case Study [J]. Journal of Engineering and Technology Management, 2010, 27 (1/2): 20 – 32.

[259] Kline R.. Principles and Practices of Structural Equation Modeling [M].

New York ：The Guilford Press, 1998.

［260］Kogut B. , Zander U.. Knowledge of the Firm, Combinative Capabilities and the Replication of Technology ［J］. Organization Science, 1992, 3 (3)：383 – 397.

［261］Koka B. R. , Prescott J. E.. Strategic Alliances as Social Capital：A Multidimensional View ［J］. Strategic Management Journal, 2002, 23 (9)：795 – 816.

［262］Koka B. R. , Madhavan R. , Prescott J. E.. The Evolution of Interfirm Networks：Environmental Effects on Patterns of Network Change ［J］. Academy of Management Review, 2006, 31 (3)：721 – 737.

［263］Kought B. , Zander U.. Knowledge of the Firm, Combinative Capabilities and the Replication of Technology ［J］. Organization Science, 1992, 3 (3)：383 – 397.

［264］Koza M. P. , Lewin A. Y.. The Co – evolution of Strategic Alliances ［J］. Organization Science, 1998, 9 (3)：255 – 264.

［265］Kraatz M. S.. Learning by Association? Interorganizational Networks and Adaptation to Environmental Change ［J］. Academy of Management Journal, 1998, 41 (6)：621 – 643.

［266］Krackhardt D. , Hanson J. R.. Informal Networks：The Company behind the Chart ［J］. Harvard Business Review, 1993, 71 (4)：104 – 111.

［267］Kumar K. , Subramanian R. , Yauger C.. Examining the Market Orienta- tion – performance Relationship：A Context – specific Study ［J］. Journal of Manage- ment, 1998, 24 (2)：201 – 233.

［268］Kusunoki K. , Numagami. T.. Interfunctional Transfers of Engineers in Ja- pan：Empirical Findings and Implications for Cross Sectional Integration ［J］. IEEE Transactions on Engineering Management, 1998, 45 (3)：250 – 262.

［269］Lambe C. J. , Spekman R. E. , Hunt S. D.. Alliance Competence, Resources, and Alliance Success: Conceptualization, Measurement, and Initial Test [J]. Journal of the Academy of Marketing Science, 2002, 30 (2): 141 –158.

[270] Landry R., Amara N., Lamari M.. Does Social CaPital Determine Innovation? To What Extent? [J]. Technological Forecasting and Soeial Change, 2002, 69 (7): 681 –701.

[271] Lane P. J., Salk J. E., Lyles M. A.. Absorptive Capability, Learning and Performance in Intemational Joint Ventures [J]. Strategic Management Journal, 2001, 22 (12): 1139 –1161.

[272] Lane P. J., Lubatkin M.. Relative Absorptive Capability and Interorganizational Learning [J]. Strategic Management Journal, 1998, 19 (4): 461 –477.

[273] Larson A. L., Starr J. A.. A Network Model of Organization Formation [J]. Entrepreneurship: Theory and Practice, 1993, 17 (2): 5 –15.

[274] Larson A.. Network Dyads in Entrepreneurial Settings: A Study of the Governance of Exchange Relationships [J]. Administrative Science Quarterly, 1992 (37): 76 –104.

[275] Larson J. R., Christensenc., Franz T. M., et al.. Diagnosing Groups: The Pooling, Management, and Impact of Shared and Unshared Case Information in Team –based Medical Decision Making [J]. Journal of Personality and Social Psychology, 1998, 75 (1): 93 –108.

[276] Larssoll R.. The Handshake between Invisible and Visible Hands [J]. International Studies of Management and Organization, 1993, 23 (1): 87 –106.

[277] Laursen K., Salter A.. Open for Innovation: The Role of Openness in Explaining Innovation Performance among UK Manufacturing Firms [J]. Strategic Management Journal, 2006, 27 (2): 131 –150.

[278] Leana C. R., Buren H. J.. Organizational Social Capital and Employment Practices [J]. Academy of Management Review, 1999, 24 (3): 538 –555.

[279] Lechner C., Dowling M.. Firm Networks: External Relationships as

Sources for the Growth and Competitiveness of Entrepreneurial Firms [J]. Entrepreneurship and Regional Development, 2003, 15 (1): 1 – 26.

[280] Lee C., Lee K., Pennings J. M.. Internal Capabilities, External Networks, and Performance: A Study on Technology – based Ventures [J]. Strategic Management Journal, 2001, 22 (6/7): 615 – 640.

[281] Lee S. H., Wong P. K., Chong C. L.. Human and Social Capital Explanations for R&D Outcomes [J]. IEEE Tramsactionsow Engineering Management, 2005, 52 (1): 59 – 68.

[282] Levinthal D. A., Fichman M.. Dynamics of Interorganizational Attachments: Auditor – client Relationships [J]. Administrative Science Quarterly, 1988, 3 (3): 345 – 369.

[283] Li T., Calantone R. J.. The Impact of Market Knowledge Competence on New Product Advantage: Conceptualization and Empirical Examination [J]. Journal of Marketing, 1998, 62 (10): 13 – 29.

[284] Liao J. W., Welsch H.. Social Capital and Entrepreneurial Growth Aspiration: A Comparison of Technology – and Non – technology – based Nascent Entrepreneurs [J]. Journal of High Technology Management Research, 2003, 14 (1): 149 – 170.

[285] Lichtenthaler U.. Open Innovation: Past Research, Current Debates and Future Directions [J]. Academy of Management Perspectives, 2011 (2): 75 – 93.

[286] Lin N.. Social Capital: A Theory of Social Structure and Action [M]. Cambridge: Cambridge University Press, 2001.

[287] Linda A. Hall, Sharmistha Bagchi Sen. A Study of R&D, Innovation, and Business Performance in the Ca – nadian Biotechnology Industry [J]. Technovation, 2002, 22: 231 – 244.

[288] Lipparini A., Sobrero M.. The Glue and the Pieces: Entrepreneurship and Innovation in Small Firm Networks [J]. Journal of Business Venturing, 1994, 2: 125 – 140.

[289] Lomax R. G.. Covariance Structure Analysis: Extensions and Development [J]. Advance in Social Science Methodology, 1989, 1: 171 – 204.

[290] Lorenzoni G., Lipparini A.. The Leveraging of Interfirm Relationships as a Distinctive Organizational Capability: A Longitudinal Study [J]. Strategic Management Journal, 1999, 20 (4): 317 – 338.

[291] Love J., Roper S.. Location and Network Effects on Innovation Success: Evidence for UK, German and Irish Manufacturing Plants [J]. Research Policy, 2001 (30): 643 – 661.

[292] Luecke R.. Managing Change and Transition [M]. Boston, Massachusetts: Harvard Business School Press, 2003.

[293] Lukas B. A., Ferrell O. C.. The Effect of Market Orientation on Product Innovation [J]. Journal of the Academy of Marketing Science, 2000, 28 (2): 239 – 247.

[294] Luo Y. D.. Guanxi: Principles, Philosophies, and Implications [J]. Human Systems Management, 1997, 16 (1): 43 – 51.

[295] Luo Y.. Dynamic Capabilities in International Expansion [J]. Journal of World Business, 2000, 35 (4): 355 – 378.

[296] Lyles M. A., Salk J. E.. Knowledge Acquisition from Foreign Parents in International Joint Ventures: An Empirical Examination in Hungarian Context [J]. Journal of International Business Studies, 1996, 27 (5): 877 – 903.

[297] Madhavan R., Koka B. R., Prescott J. E.. Networks in Transition: How Industry Events (re) Shape Interfirm Relationships [J]. Strategic Management Journal, 1998 (19): 439 – 459.

[298] Makadok R.. Toward a Synthesis of the Resource – based and Dynamic – capability Views of Rent Creation [J]. Strategic Management Journal, 2001, 22 (5): 387 – 401.

[299] Malecki E. J., Tootle D. M.. Networks of Small Manufacturers in the

USA: Creating Embeddedness [A] //Taylor M. J. and Conti S. Interdependent and Uneven Development: Global – Local Perspectives [M] . Aldershot: Avebury, 1997.

[300] Marco Lansiti, Jonathan West. Great Research into Great Products [J] . Harvard Business Review, 1997 (5 – 6): 69 – 79.

[301] Marquardt M. J.. Building the Learning Organization [M] . New York : McGraw – Hill, 1996.

[302] Marshall G. W., Goebel D. J., Moncrief W. C.. Hiring for Success at the Buyer – seller Interface [J] . Journal of Business Research, 2003, 56 (4): 247 – 255.

[303] Maskell I. P.. Social Capital: Innovation and Competitiveness [M]. Oxford: Oxford University Press, 1999.

[304] McAdam R., Armstrong G., Kelly B.. Investigation of the Relationship between Total Quality and Innovation: A Research Study Involving Small Organizations [J] . European Journal of Innovation Management, 1998, 1 (3): 139 – 147.

[305] McAdam R.. Knowledge Management as a Catalyst for Innovation within Organizations: A Qualitative Study [J] . Knowledge and Process Management, 2000, 7 (4): 233 – 241.

[306] Mcdonald R. P., Ho M. H. R.. Principles and Practice in Reporting Structural Equation Analysis [J] . Psychological Methods, 2002, 7 (1): 64 – 82.

[307] McGrath R. G.. A Real Options Logic for Initiating Technology Positioning Investments [J] . Academy of Management Review, 1997, 22 (4): 974 – 996.

[308] Meyer – Stamer J.. Micro – level Innovations and Competitiveness [J] . World Development, 1995, 23 (1): 143 – 148.

[309] Michael Polanyi. On Biassed Coins and Related Problems [J] . Zeitschrift Fur Physikalische Chemie, 1958, 15 (6): 290 – 296.

[310] Miles R. E., Snow C. C.. Causes of Failure in Network Organizations [J] . California Management Review, 1992, 34 (4): 53 – 72.

[311] Mitchell A. D. , Bossert T. J. . Measuring Dimensions of Social Capital: Evidence from Surveys in Poor Communities in Nicaragua [J] . Social Science and Medicine, 2007, 64 (1): 50 – 63.

[312] Mitchell J. C.. Social Networks in Urban Situations [M] . Manchester: Manchester University Press, 1969.

[313] Moenaert R. K. , Caeldries F. , Wauters E. . Communication Flows in International Product Innovation Teams [J] . Journal of Product Innovation Management, 2000, 17 (5): 360 – 377.

[314] Mohamed M. Z. , Richards T. . Assessing and Comparing the Innovativeness and Creative Climate of Firms [J] . Scandenavian Journal of Management, 1996, 12 (2): 109 – 121.

[315] Moller K. K. , Halinen A. . Business Relationships and Networks: Managerial Challenge of Network Era [J] . Industrial Marketing Management, 1999, 28 (5): 413 – 427.

[316] Moore G. . Structural Determinants of Men's and Women's Personal Networks [J] . American Sociological Review, 1990, 55 (5): 726 – 735.

[317] Morosini P. . Industrial Clusters, Knowledge Integration and Performance [J] . World Development, 2004, 32 (2): 305 – 326.

[318] Mu J. , Di Benedetto A. . Networking Capability and New Product Development [J] . IEEE Transactions on Engineering Management, 2012, 59 (1): 4 – 19.

[319] Mueller R. O. . Structural Equation Modeling: Back to Basics [J] . Structural Equation Modeling: A Multidisciplinany Journal, 1997, 4 (4): 353 – 369.

[320] Möller K. K. , Halinen A. . Business Relationships and Networks: Managerial Challenge of Network Era [J] . Industrial Marketing Management, 1999, 28 (5): 413 – 427.

［321］Norman P. M.. Knowledge Acquisition, Knowledge Loss, And Satisfaction in High Technology Alliances ［J］. Journal of Business Research, 2004, 57 (6): 610 –619.

［322］Nahapiet J., Ghoshal S.. Social Capital, Intellectual Capital, and the Organizational Advantage ［J］. Academy of Management Review, 1998, 23 (2): 242 – 266.

［323］Nasution H. N., Mavondo F. T., Matanda M. J., et al.. Entrepreneurship: Its Relationship with Market Orientation and Learning Orientation and as Antecedents to Innovation and Customer Value ［J］. Industrial Marketing Management, 2011, 40 (3): 336 –345.

［324］Nebus J.. Building Collegial Information Networks: A Theory of Advice Network Generation ［J］. Academy of Management Review, 2006, 31 (3): 615 – 637.

［325］Nellore R., Balachandra R.. Factors Influencing Success in Integrated Product Development (IPD) Projects ［J］. IEEE Transactions on Engineering Management, 2001, 48 (2): 164 –174.

［326］Nelson R. R., Winter S. G.. An Evolutionary Theory of Economic Change ［M］. Cambridge: Harvard University Press, 1982.

［327］Nielsen A. P.. Knowledge Development and the Development of Core Competencies ［C］. Tokyo: National Institute of Science and Technology Policy, 1997.

［328］Niiniluoto I.. The Evolution of Knowledge ［M］. Dordrecht: Springer, 1984.

［329］Nonaka I., Takeuchi H.. The Knowledge – Creating Company ［M］. New York: Oxford University Press, 1995.

［330］Nonaka I.. A Dynamic Theory of Organizational Knowledge Creation ［J］. Organization Science, 1994, 5 (1): 14 –37.

［331］Nunnally J. C.. Psyochomatric Theory ［M］. NewYork: McGraw – Hill,

1978.

[332] Nystrom P. C. , Starbuck W. H.. To Avoid Organizational Crises, Unlearn [J]. Organizational Dynamics, 1984, 12 (4): 53 – 65.

[333] Oliver Plurm, Robert Hassink. On the Nature and Geography of Innovation and Interactive Learning: A Case Study of the Biotechnology Industry in the Aachen Technology Region, Germany [J]. European Planning Studies, 2011, 7 (19): 1141 – 1163.

[334] O' Dell C.. A Current Review of Knowledge Management Best Practice [R]. Londow: Conference on Knowledge Management and the Transfer of Best Practices, 1997.

[335] Parker H.. Interfirm Collaboration and the New Product Development Process [J]. Industrial Management and Data Systems, 2000, 100 (6): 255 – 260.

[336] Park S. H. , Ungson C. R.. Interfilm Rivalry and Managerial Complexity: A Conceptual Framework of Alliance Failure [J]. Organization science, 12 (1): 37 – 53.

[337] Peng M. W. , Luo Y.. Managerial Ties and Firm Performance in a Transition Economy: The Nature of a Micro – macro Link [J]. Academy of Management Journal, 2000, 43 (3): 486 – 501.

[338] Pennar K.. The Ties that Lead to Prosperity [J]. Business Week, 1997 (3557): 152 – 155.

[339] Pettrash G.. Managing Knowledge Assets for Value [R]. Boston: Knowledge – based Leadership Conference, 1996.

[340] Pittaway L. , Robertson M. , Munir K. , et al.. Networking and Innovation: A Systematic Review of the Evidence [J]. International Journal of Management Reviews, 2004, 5 (3/4): 137 – 168.

[341] Podolny J. M. , Page K. M.. Network Forms of Organization [J]. Annual Reviews of Sociology, 1998 (24): 57 – 76.

［342］Podsakoff P. M. , Mackenzie S. B. , Lee J. Y. et al.. Common Method Biases in Behavioral Research: A Critical Review of the Literature and Recommended Remedies ［J］. Journal of Applied Psychology, 2003, 88 (5): 879 – 903.

［343］Portes A. , Sensenbrenner J.. Embeddedness and Immigration : Notes on the Social Determinants of Economic Action ［J］. The American Journal of Sociology, 1993, 98 (6): 1320 – 1350.

［344］Portes A.. Social Capital: Its Origins and Applications in Modem Soeiology ［J］. Annual Review of sociology, 1998 (24): 1 – 24.

［345］Powell W. W. , Koput K. W. , Smith – Doerr L.. Interorganizational Collaboration and the Locus of Innovation: Networks of Learning in Biotechnology ［J］. Administrative Science Quarterly, 1996, 41 (1): 116 – 145.

［346］Prahalad C. K. , Hamel G.. The Core Competence of the Corporation ［J］. Harvard Business Review, 1990, 6 (68): 79 – 91.

［347］Putnam R.. Bowling Alone: America's Declining Social Capital ［J］. Journal of Democracy, 1995 (6): 65 – 78.

［348］Reagans R. , McEvily B.. Network Structure and Knowledge Transfer: The Effects of Cohesion and Range ［J］. Administrative Science Quarterly, 2003, 48 (2): 240 – 267.

［349］Rhee J. , Park Teakyung, Lee D. H.. Drivers of Innovativeness and Performance for Innovative SMEs in South Korea: Mediation of Learning Orientation ［J］. Technovation, 2010, 30 (1): 65 – 75.

［350］Ritter T. , Gemünden H. G.. Network Competence: Its Impact on Innovation Success and its Antecedents ［J］. Journal of Business Research, 2003 (56): 745 – 755.

［351］Ritter T. , Gemunden H. G.. The Impact of a Company's Business Strategy on its Technological Competence, Network Competence and Innovation Success ［J］. Journal of Business Research, 2004 (57): 548 – 556.

[352] Ritter T. , Wilkinson I. F. , Johnston W. J.. Measuring Network Compe-tence: Some International Evidence [J] . Journal for Business and Industrial Market-ing, 2002, 17 (2/3): 119 – 138.

[353] Ritter T.. The Networking Company: Antecedents for Coping with Rela-tionships and Networks Effectively [J] . Industrial Marketing Management, 1999, 28 (5): 467 – 479.

[354] Roelandt T. , Den Hertog P.. Cluster Analysis and Cluster – based Policy Making in OECD Countries: An Introductionto the Theme [R] . Paris: OECD, 1999.

[355] Rogers E. M.. Diffusion of Innovations [M] . New York: The Free Press of Glencoe, 1962.

[356] Rosenkopf L. , Padula G.. Investigating the Microstructure of Network E-volution: Alliance Formation in the Mobile Communications Industry [J] . Organiza-tion Science, 2008, 19 (5): 669 – 687.

[357] Rothaermel F. T. , Deeds D. L.. More Good Things Are Not Necessarily Better: An Empirical Study of Strategic Alliances, Experience Effects, and Innovative Output in High – technology Start – ups [J] . Academy of Management Proceedings, 2001 (1) .

[358] Rothwell R.. Successful Industrial Innovation: Critical Factors for the 1990's [J] . R&D Management, 1992, 22 (3): 221 – 239.

[359] Ruggles R.. The State of the Notion: Knowledge Management in Practice [J] . California Management Review, 1998, 40 (3): 80 – 89.

[360] Ryu C. , Yang J. K. , Chaudhury A. , et al.. Knowledge Acquisition Via Three Learning Processes in Enterprise Information Portals: Learning – by – investment, Learning – by – doing, and Learning – from – others [J] . Mis Quarterly, 2005, 29 (2): 245 – 278.

[361] Sabherwal R. , Sabherwal S.. Knowledge Management Using Information

Technology: Determinants of Short – term Impact on Firm Value [J]. Decision Sciences, 2005, 36 (4): 531 –567.

[362] Sackmann S. A.. Cultural Knowledge in Organizations [M]. California: sage Publications, 1990.

[363] Sako M. , Helper S.. Determinants of Trust in Supplier Relations: Evidence from the Automotive Industry in Japan and the United States [J]. Journal of Economic Behavior and Organization, 1998, 34 (3): 387 –417.

[364] Salman N. , Saives A. L.. Indirect Networks: An Intangible Resource for Biotechnology Innovation [J]. R&D Management, 2005, 35 (2): 203 –215.

[365] Sarvary M.. Knowledge Management and Competition in the consulting industry [J]. California Management Review, 1999, 41 (2): 95 –107.

[366] Schumpeter, J. A.. The Theory of Economic Development [M]. Cambride: Harvard University Press, 1934.

[367] Senge P. M.. The Fifth Discipline: The Art and Practice of the Learning Organization [M]. New York: Doubleday, 1990.

[368] Senge P. M.. Mental Models [J]. Planning Review, 1992, 20 (3): 4 –10.

[369] Shaw R. B. , Perkins D. N.. Teaching Organizations to Learn [J]. Organization Development Journal, 1991, 9 (4): 1 –12.

[370] Shepherd D. A. , Zaeharakis A.. The Venture Capitalist – entrepreneur Relationship: Control, Trust and Confidence in Co – operative Behavior [J]. Venture Capital, 2001, 3 (2): 129 –150.

[371] Simonin B. L.. An Empirical Investigation of the Process of Knowledge Transfer in International Strategic Alliances [J]. Journal of International Business Studies, 2004, 35 (5): 407 –427

[372] Sinkula J. M. , Baker W. E. , Noordewier T.. A Framework for Market – Based Organizational Learning: Linking Values, Knowledge and Behavior [J]. Journal

of the Academy of Marketing Science, 1997, 5 (4): 305 –318.

[373] Sinkula J. M.. Market Information Processing and Organizational Learning [J] . Journal of Marketing, 1994, 58 (1): 35 –45.

[374] Sivadas E. , Dwyer F. R.. An Examination of Organizational Factors Influencing New Product Success in Internal and Alliance – based Processes [J] . Journal of Marketing, 2000, 64 (1): 31 –49.

[375] Smith K. G. , Collins C. J. , Clark K. D.. Existiong Knowledge, Knowledge Creation Capability, and the Rate of New Product Introduction in High – technology Firms [J] . Academy of Management Journal, 2005, 48 (2): 346 –357.

[376] Soo C. W. , Midgley D. , Devinney T. M.. The Process of Knowledge Creation in Organizations [R] . Fontainebleau: Insead, 2004.

[377] Sorenson O. , Rivkin J. W. , Fleming L.. Complexity, Networks and Knowledge Flow [J] . Academy of Management Annual Meeting Proceeding, 2004 (1): R1 – R6.

[378] Spender J. C.. Making Knowledge the Basis of a Dynamic Theory of the Firm [J] . Strategic Management Journal, 1996 (17): 45 –62.

[379] Spinello R. A.. The Knowledge Chain [J] . Business Horizons, 1998, 41 (6): 4 –14.

[380] Subramanian A. , Nilakanta S.. Organizational Innovativeness: Exploring the Relationship between Organizational Determinants of Innovation, Types of Innovations, and Measures of Organizational Performance [J] . International Journal of Management Science, 1996, 24 (6): 631 –647.

[381] Tabachnick B. G. , Fidell L. S.. Using Multivariate Statistics (5th eds.) [M] . Boston: Pearson Education, 2007.

[382] Tacla C. L. , Figueiredo P. N.. The Dynamics of Technological Learning Inside the Latecomer Firm: Evidence from the Capital Goods Industry in Brazil [J] . International Journal of Technology Management, 2006, 36 (1/3): 62 –90.

[383] Teece D. J.. Capturing Value from Knowledge Assets: The New Economy, Markets for Know – how, and Intangible Assets [J]. California Management Review, 1998, 40 (3): 55 – 79.

[384] Teece D. J, Pisano G.. The Dynamic Capabilities of Firms: An Introduction [J]. Industrial and Corporate Change, 1994, 3 (3): 537 – 556.

[385] Teece D. J., Pisano G., Shuen A.. Dynamic Capabilities and Strategic Management [J]. Strategic Management Journal, 1997, 18 (7): 509 – 533.

[386] Thomke S., Von Hippel E., Franke R.. Modes of Experimentation: An Innovation Process and Competitive Variable [J]. Research Policy, 1998 (27): 31 – 332.

[387] Tidd J., Bessant J.. Innovation and Entrepreneurship [M]. Chichester: UK, John Wiley and Sons Ltd, 2007.

[388] Tidd J., Izumimoto Y.. Knowledge Exchange and Learning through International Joint Ventures: An Anglo – Japanese Experience [J]. Technovation, 2002, 22 (3): 137 – 145.

[389] Tiwana A.. The Knowledge Management Toolkit [M]. Upper Saddle River: Prentice Hall, 2000.

[390] Tiwana A., Williams M.. The Essential Guide to Knowledge Management, E – business and CRM Application [M]. New Jersey: Prenticce – hall, 2000.

[391] Tiwana A.. Do Bridging Ties Complement Strong Ties? An Empirical Examination of Alliance aMbidexterity [J]. Strategic Management Journal, 2008, 29 (3): 251 – 272.

[392] Tiwana A.. The Knowledge Management Toolkit: Orchestrating IT, Strategy, and Knowledge Platforms [M]. New Jersey: Pearson Education, 2002.

[393] Tranfield D., Denyer D., Smart P.. Towards a Methodology for Developing Evidence – informed Management Knowledge by Means of Systematic Review [J]. British Journal of Management, 2003, 14 (3): 207 – 222.

[394] Tsai W. P.. Knowledge Transfer in Intraorganizational Networks: Effects of Network Position and Absorptive Capability on Business Init Innovation and Performance [J]. Academy of Management Journal, 2001, 44 (5): 996 - 1004.

[395] Tsang E. W. K.. Can Guanxi Be a Source of Sustained Competitive Advantage for Doing Business in China? [J]. Academy of Management Executive, 1998, 12 (2): 64 - 73.

[396] Tsoukas H., Mylonopoulos N.. Introduction: Knowledge Construction and Creation in Organizations [J]. British Journal of Management, 2004 (15): S1 - S8.

[397] Tumley W. H., Bolino M. C., Lester S. W., et al.. Citizenship Behavior and the Creation of Social Capital in Organizations [J]. Academy of Management Review, 2002, 27 (4): 505 - 522.

[398] Uzzi B.. Social Structure and Competition in Interfirm Networks: The Paradox of Embeddedness [J]. Administrative Science Quarterly, 1997, 42(1): 35 - 67.

[399] Van Den Bosch F., Volberda H. W., De Boer M.. Coevolution of Firm Absorptive Capability and Knowledge Environment: Organizational Forms and Combinative Capabilities [J]. Organization Science, 1999, 10 (5): 551 - 568.

[400] Verona G.. A Resource Based View of Product Development [J]. Academy of Management Review, 1999, 24 (1): 132 - 143.

[401] Volberda H. W., Rutges A.. Farsys: A Knowledge - based System for Managing Strategic Change [J]. Decision Support System, 1999, 26 (2): 99 - 123.

[402] Walker G., Kogut B., Shan W.. Social Capital, Structural Holes and the Formation of An Industry Network [J]. Organization Science, 1997, 8 (2): 109 - 125.

[403] Walter A., Auer M., Ritter T.. The Impact of Network Capabilities And Entrepreneurial Orientation on University Spin - off Performance [J]. Journalof Busi-

ness Venturing, 2006, 21 (4): 541 – 567.

[404] Wasserman S. , Faust K.. Social Network Analysis: Methods and Applications [M] . Cambridge: Cambridge University Press, 1994.

[405] Weick K. E. , Roberts K. H.. Collective Mind in Organizations: Heedful Interrelating on Flight Decks [J] . Administrative Science Quarterly, 1993, 38 (8): 357 – 381.

[406] Weiss D. J. Factor Analysis and Counseling Research [J] . Journal of Counseling Psyechology, 1970, 17 (5): 477 – 485.

[407] Wellman B. , Berkowitz S. D.. Social Structures: A Network Approach [M] . Cambridge: Cambridge University Press, 1988.

[408] Wernerfelt B.. A Resource – based View of the Firm [J] . Strategic Management Journal, 1984, 5 (2): 171 – 180.

[409] West M. A. , Farr J. L.. Innovation and Creativity at Work: Psychological and Organizational Strategies [J] . Health Policy, 1990 (45): 175 – 186.

[410] West J. , Gallagher S.. Challenges of Open Innovation: The Paradox of Firm Investment in Open – source Software [J] . R & D Management, 2006, 36 (3): 319 – 331.

[411] Wiig K. M.. Knowledge Management: Where Did It Come from and Where Will It Go? [J] . Journal of Expert Systems with Applications, Special Issues on Knowledge Management, 1997, 13 (1) : 1 – 14.

[412] Wiklund J. , Shepherd D.. Knowledge – based Resources, Entrepreneurial Orientation, and the Performance of Small and Medium – sized Businesses [J] . Strategic Management Journal, 2003, 24 (13): 1307 – 1314.

[413] Williamson O. E.. The Economics of Organization: The Transaction Cost Approach [J] . American Journal of Sociology, 1981, 87 (3): 548 – 77.

[414] Xin K. , Pearce J. L.. Guanxi: Connections as Substitutes for Formal Institutional Support [J] . Academy of Management Journal, 1996, 39 (6): 1461 –

1568.

[415] Yli – Renko H. , Autio E. , Sapienza H. J.. Social Capital, Knowledge Exploitation in Young Technology – based Firms [J] . Strategic Management Journal, 2001 (22): 587 – 613.

[416] Zahra S. A. , George G.. Absorptive Capacity: A Review, Reconceptualization, and Extension [J] . Academy of Management Review, 2002, 27 (2): 185 – 203.

[417] Zahra S. A. , Ireland R. D. , Michael A. Hitt. International Expansion by New Venture Firms: International Diversity, Mode of Market Entry, Technological Learning, and Performance [J] . The Academy of Management Journal, 2000, 43 (5): 925 – 950.

[418] Zaltman G. , Duncan R. , Holbek J.. Innovations and Organizations [M] . New York: Wiley, 1973.

[419] Zollo M. , Winter S. G.. Deliberate Learning and the Evolution of Dynamic Capabilities [J] . Organization Science, 2002, 13 (1): 339 – 351.

[420] Zott C. Dynamic Capabilities and the Emergence of Intraindustry Differential Firm Performance: Insights from a Simulation Study [J] . Strategic Management Journal, 2003.

附　录

附录1　小样本数据的正态性分布检验结果

Measurements	N	Std. Deviation	Skewness	Std. Error of Skewness	Kurtosis	Std. Error of Kurtosis
A1	51	1.339	-0.824	0.333	-0.101	0.656
A2	51	1.087	-0.395	0.333	-0.787	0.656
A3	51	1.363	-0.628	0.333	-0.353	0.656
A4	51	1.324	-0.335	0.333	-0.453	0.656
B1	51	1.094	-1.006	0.333	1.422	0.656
B2	51	1.027	-0.914	0.333	1.270	0.656
B3	51	1.119	-0.324	0.333	1.016	0.656
B4	51	1.276	-0.557	0.333	1.016	0.656
B5	51	1.180	-0.618	0.333	-0.591	0.656
C1	51	1.253	-0.505	0.333	-0.693	0.656
C2	51	1.383	-0.511	0.333	-0.189	0.656
C3	51	1.268	-0.787	0.333	0.760	0.656
C4	51	1.430	-0.405	0.333	-0.367	0.656
C5	51	1.302	-1.074	0.333	0.920	0.656

续表

Measurements	N	Std. Deviation	Skewness	Std. Error of Skewness	Kurtosis	Std. Error of Kurtosis
C6	51	1. 321	− 0. 858	0. 333	0. 451	0. 656
D1	51	1. 410	− 0. 456	0. 333	− 0. 921	0. 656
D2	51	1. 370	− 0. 571	0. 333	− 0. 613	0. 656
D3	51	1. 293	− 0. 527	0. 333	− 0. 900	0. 656
D4	51	1. 190	− 0. 327	0. 333	− 0. 589	0. 656
D5	51	1. 204	− 0. 377	0. 333	− 0. 525	0. 656
D6	51	1. 108	0. 027	0. 333	0. 035	0. 656
E1	51	1. 371	− 0. 469	0. 333	− 0. 636	0. 656
E2	51	1. 330	− 0. 503	0. 333	− 0. 759	0. 656
E3	51	1. 413	− 0. 680	0. 333	− 0. 475	0. 656
E4	51	1. 211	− 0. 420	0. 333	− 0. 428	0. 656
E5	51	1. 190	− 0. 475	0. 333	− 0. 621	0. 656
F1	51	1. 326	− 0. 568	0. 333	− 0. 350	0. 656
F2	51	1. 287	− 0. 465	0. 333	− 0. 259	0. 656
F3	51	1. 286	− 0. 656	0. 333	− 0. 077	0. 656
F4	51	1. 334	− 0. 248	0. 333	− 0. 832	0. 656
F5	51	1. 486	− 0. 340	0. 333	− 1. 017	0. 656
F6	51	1. 501	0. 054	0. 333	− 0. 812	0. 656
G1	51	1. 385	− 0. 636	0. 333	− 0. 515	0. 656
G2	51	1. 290	− 0. 644	0. 333	0. 596	0. 656
G3	51	1. 464	− 0. 648	0. 333	− 0. 390	0. 656
G4	51	1. 300	− 0. 218	0. 333	− 0. 781	0. 656
G5	51	1. 440	− 0. 602	0. 333	0. 059	0. 656
G6	51	1. 137	0. 060	0. 333	0. 214	0. 656
G7	51	1. 404	− 0. 171	0. 333	− 0. 540	0. 656
G8	51	1. 237	− 0. 430	0. 333	− 0. 817	0. 656
G9	51	1. 160	− 0. 456	0. 333	− 0. 340	0. 656
G10	51	1. 171	− 0. 373	0. 333	− 0. 469	0. 656
G11	51	1. 135	− 0. 284	0. 333	− 0. 789	0. 656
H1	51	1. 083	− 0. 520	0. 333	− 0. 848	0. 656
H2	51	0. 901	− 0. 233	0. 333	− 0. 713	0. 656

Measurements	N	Std. Deviation	Skewness	Std. Error of Skewness	Kurtosis	Std. Error of Kurtosis
H3	51	1. 104	0. 850	0. 333	0. 851	0. 656
H4	51	0. 896	− 0. 530	0. 333	0. 674	0. 656
H5	51	1. 110	1. 535	0. 333	2. 319	0. 656
H6	51	1. 161	− 0. 280	0. 333	− 0. 292	0. 656
H7	51	1. 249	− 0. 513	0. 333	− 0. 687	0. 656
H8	51	1. 154	− 0. 202	0. 333	0. 098	0. 656
H10	51	1. 195	− 0. 011	0. 333	− 0. 812	0. 656
H11	51	1. 154	0. 204	0. 333	− 0. 216	0. 656
H12	51	1. 205	0. 279	0. 333	− 0. 513	0. 656

附录 2 大样本数据的正态性分布检验结果

Measurements	N	Std. Deviation	Skewness	Std. Error of Skewness	Kurtosis	Std. Error of Kurtosis
A1	216	1. 266	− 0. 389	0. 166	− 0. 640	0. 330
A2	216	1. 212	− 0. 231	0. 166	− 0. 718	0. 330
A3	216	1. 321	− 0. 123	0. 166	− 0. 615	0. 330
A4	216	1. 273	0. 216	0. 166	− 0. 679	0. 330
B1	216	1. 272	− 0. 198	0. 166	− 0. 270	0. 330
B2	216	1. 177	− 0. 164	0. 166	− 0. 335	0. 330
B3	216	1. 245	− 0. 402	0. 166	0. 095	0. 330
B4	216	1. 275	− 0. 022	0. 166	− 0. 772	0. 330
B5	216	1. 318	− 0. 056	0. 166	− 0. 651	0. 330
C1	216	1. 093	− 0. 431	0. 166	− 0. 390	0. 330
C2	216	1. 299	− 0. 296	0. 166	− 0. 802	0. 330
C3	216	1. 139	− 0. 230	0. 166	− 0. 311	0. 330

续表

Measurements	N	Std. Deviation	Skewness	Std. Error of Skewness	Kurtosis	Std. Error of Kurtosis
C4	216	1. 138	− 0. 106	0. 166	− 0. 263	0. 330
C5	216	1. 178	− 0. 268	0. 166	− 0. 350	0. 330
D1	216	1. 470	− 0. 155	0. 166	− 1. 164	0. 330
D2	216	1. 396	− 0. 083	0. 166	− 0. 947	0. 330
D3	216	1. 315	− 0. 011	0. 166	− 0. 937	0. 330
D4	216	1. 166	0. 210	0. 166	− 0. 562	0. 330
D5	216	1. 205	− 0. 238	0. 166	− 0. 744	0. 330
E1	216	1. 400	− 0. 220	0. 166	− 0. 995	0. 330
E2	216	1. 305	0. 035	0. 166	− 1. 021	0. 330
E3	216	1. 357	− 0. 072	0. 166	− 0. 901	0. 330
E4	216	1. 196	0. 312	0. 166	− 0. 427	0. 330
E5	216	1. 325	0. 044	0. 166	− 0. 839	0. 330
F1	216	1. 243	− 0. 311	0. 166	− 0. 583	0. 330
F2	216	1. 305	0. 146	0. 166	− 0. 678	0. 330
F3	216	1. 268	0. 206	0. 166	− 0. 432	0. 330
F4	216	1. 261	0. 225	0. 166	− 0. 781	0. 330
F5	216	1. 443	0. 042	0. 166	− 0. 807	0. 330
G1	216	1. 464	− 0. 415	0. 166	− 0. 732	0. 330
G2	216	1. 352	− 0. 353	0. 166	− 0. 342	0. 330
G3	216	1. 335	− 0. 207	0. 166	− 0. 312	0. 330
G4	216	1. 324	0. 040	0. 166	− 0. 631	0. 330
G5	216	1. 533	− 0. 199	0. 166	− 0. 911	0. 330
G6	216	1. 232	0. 014	0. 166	− 0. 325	0. 330
G7	216	1. 406	− 0. 046	0. 166	− 0. 702	0. 330
G8	216	1. 258	− 0. 261	0. 166	− 0. 762	0. 330
G9	216	1. 146	0. 142	0. 166	− 0. 495	0. 330
G10	216	1. 195	0. 056	0. 166	− 0. 691	0. 330
G11	216	1. 126	− 0. 016	0. 166	− 0. 849	0. 330

Measurements	N	Std. Deviation	Skewness	Std. Error of Skewness	Kurtosis	Std. Error of Kurtosis
H1	216	1. 163	− 0. 186	0. 166	− 0. 912	0. 330
H2	216	1. 062	− 0. 142	0. 166	− 0. 266	0. 330
H3	216	1. 247	0. 323	0. 166	− 0. 302	0. 330
H4	216	1. 392	0. 135	0. 166	− 0. 705	0. 330
H5	216	1. 157	0. 165	0. 166	− 0. 542	0. 330
H6	216	1. 229	0. 135	0. 166	− 0. 544	0. 330
H7	216	1. 076	0. 162	0. 166	− 0. 154	0. 330